VOYAGE
DANS
LE FINISTÈRE.

Marchandes de Pailles et de Foins des environs de Quimper.

VOYAGE
DANS
LE FINISTÈRE,
OU
ÉTAT DE CE DÉPARTEMENT
EN 1794 ET 1795.

TOME TROISIÈME.

A PARIS,

De l'Imprimerie-Librairie du CERCLE-SOCIAL,
Rue du Théâtre-Français, n°. 4.

AN VII DE LA RÉPUBLIQUE FRANÇAISE.

VOYAGE DANS LE FINISTÈRE,

OU

ÉTAT DE CE DÉPARTEMENT EN 1794.

DISTRICT DE QUIMPER.

La ville de Quimper est le chef-lieu d'un district important : elle est située par les six dégrés, vingt-sept minutes, vingt-une secondes de longitude, et par les quarante-huit dégrés, vingt minutes de latitude sur les rives de deux rivières, l'Odet et le Steyr, qui se réunissent et se rendent ensemble à la mer.

Les fables du pays parlent d'un fondateur de Quimper, nommé Corineus, échappé des ruines de Troye.

César la nomme Curiosolitum ; elle fut la capitale du pays de Cornouailles, et le siège d'un évêque.

Le collége de Quimper avoit de la célébrité ; Vannes et cette ville se partageoient tous les étudians de la Basse-Bretagne. Sa situation est agréable. La plus ancienne partie de la cité, entourée de murailles flanquées de tourelles, surmontées d'arbres et d'arbrisseaux, est établie sur l'angle formé par la réunion des rivières. Les côteaux, sur la droite, sont couverts de maisons qui se dominent en amphithéâtre ; sur la gauche s'élève une montagne de cinq à six cents pieds de hauteur, masse de rochers couverts de bois et de bruyères. De son sommet on suit le cours de la rivière ; l'œil s'arrête sur de beaux lointains, sur des montagnes ornées de chênes, de sapins et de peupliers : le quai dont les maisons antiques frappent par leur forme gothique, leur irrégularité ; la promenade du Pinity, les capucins, le collége, l'hôpital, la maison commune ; et sur-tout la masse et les tours de la cathédrale sont les objets marquans au milieu de l'amas de maisons, sans ordre, qui forme la ville de Quimper.

Le clergé qui la peuploit, les nobles qui communément y passoient une partie de l'année, l'amirauté, les écoles, le présidial établi par Henry II, la rendoient florissante ; on y jouissoit de la paix et de l'abondance. Ses environs ornés d'une multitude de maisons de campagnes où règnoit une honnête aisance, et la fortune quelquefois, offroient dans les jours de l'été, des asyles frais, délicieux, à ceux qui vouloient échapper à la chaleur, à la contrainte de la ville. La ligne de démarcation qui séparoit la noblesse des autres états, étoit ici moins sensible qu'ailleurs ; il y règnoit plus de lumières, plus de politesse. L'usage du monde que de fréquens voyages à Paris, rendoit plus commun, le jeu qui réunit toutes les classes, les mœurs douces des habitans en général, établissoient, dans la société, plus d'égalité que dans les autres villes de Bretagne ; j'en excepte quelques sauvages encroutés, quelques sangliers de manoirs dont la morgue grotesque, dont l'ignorance servoient aux enfans de risée : pour un empire ils ne se fussent pas mésalliés. Les graces, les talens, la fortune, ne valoient pas pour eux une suite d'ancêtres, d'écuyers, dont les portraits bardés de fers, affublés d'énormes perruques, chargés de fraises et de canons, prouvoient démonstrativement, sept cents ans de noblesse et de bêtise.

La passion principale des habitans de Quimper étoit le jeu; les femmes s'assembloient, pour jouer, dès le matin; on ne quittoit les cartes qu'à la fin du jour. Les hommes cédoient à toutes les fureurs, à tous les désordres de cette passion funeste; les étrangers s'y rassembloient. On y vivoit toute l'année, comme pendant une saison, aux eaux de Spa, de Batz et de Barrège.

A la campagne on faisoit bonne chère, on y vidoit des cuves de Bordeaux; l'usage des chansons bachiques y dura jusqu'à la révolution. Je vois avec chagrin s'oublier des morceaux, dictés par l'ivresse, dignes d'Anacréon, de Vadé, de Panard, de Galet et de Colé; les curés du pays en tenoient des registres lacérés, enlevés, brûlés comme les légendes, les décrétales et les missels; ces chansons n'étoient pas imprimées. Avez-vous en Bourgogne, en Champagne; près d'Ay, de Mâcon, de

Baune, une chanson plus originale que celle-ci, qu'enfanta la gaieté Bretonne?

Le Champenois, le Bourguignon,
Font part de leur bon vin à maint autre canton:
Si Bacchus en plantoit de pareil en Bretagne,
On y connoîtroit mieux la valeur de ce don,
Et loin de l'envoyer en Bourgogne, en Champagne,
 Tout couleroit par le gosier breton,
 Même la lie et le bondon,
 Tout couleroit par le gosier breton.

Les pauvres filles étoient dans ces orgies, forcées de détonner quelques chansons modestes et d'obéir, après avoir pleuré pendant une heure, à l'ordre impérieux d'un père, sans pitié, d'une mère orgueilleuse et jalouse, qui lui faisoit chanter du ton de Beaumavielle, les airs de Philidor et de Grétry; la langue et la musique italienne n'échappoient pas à ces scènes burlesques. Pasiello, malheureux Piccini, divin Métastase, ah si vous eussiez entendu !......

On sent qu'à Quimper-Corentin, on jouoit quelques fois des comédies bourgeoises qui ne valoient pas mieux que celles de Chantilly, de Versailles, de la duchesse de Villeroy, du duc de Grammont, de Mlle Guimard et de M^{de} de Montesson etc. etc. Elles avoient un mérite de plus, Préville, Molé, Sainval, n'en faisoient pas ressortir les grimaces : on les jouoit sans prétention, avec gaieté ; les scènes des coulisses et des répétitions dédommageoient amplement les acteurs de l'embarras et de la gaucherie, des fautes de mémoire qui ne les tourmentoient qu'un moment sur la scène.

La révolution a vu renaître le théatre de de cette ville, il obtient des applaudissemens, des éloges bien mérités. Des femmes aimables et jolies paroissent sur les planches avec autant de talent que de modestie ; elles sont secondées par des hommes, dont les graves occupations, dont les services, dont le patriotisme ne diminue point l'activité ; ils savent que le théatre forme les mœurs, répand des maximes utiles, propage des vérités dont ils se rendent les apôtres. La considération dont ils jouissent donne du poids à leurs discours, et les pauvres, et les malades attendent en les bénissant la rétribution qu'ils leurs procurent. La pureté du langage français s'évanouissoit, les grâces, l'usage du monde, la politesse écartés par la guerre, disparoissoient, peut-être pour jamais, sans cette multitude de spectacles établis dans les villes et dans les villages de la France.

La M^{se}. de R.... avoit une terre à quelque distance de Quimper, l'ennui lui fit imaginer d'établir un usage singulier ; celui qui la première fois se présentoit chez elle, étoit forcé de mettre au jour un madrigal, une chanson, une pièce de vers, avant de se placer à table.

Un prosateur ayant peu lu de vers et n'en faisant jamais, chasseur plein d'appétit, ignorant les lois du château, arrive ; K.... l'instruit des conditions auxquelles il est admis, il le présente ; trois femmes faisoient alors le bonheur du château de R...

Le dîner s'approchoit, notre malheureux se retire, se plaint de la rigueur du destin, grate son front, trouve quelques complimens assez fades, quelques lieux communs assez plats, mais ils se présentoient en prose. — On appelle K...., on le consulte, il recite ses propres vers, enfin la rime et la mesure se logent bien ou mal dans sa tête : voici les vers qu'il produisit.

>   Je vais chanter les trois Graces
>   Sans donner à aucune la pomme,
>   Pâris seroit embarrassé comme
>   Moi s'il étoit à ma place.

Horace ainsi termina quelques vers dont Matanasius nous offre un autre exemple.

> L'autre jour dans nos bois le berger Tircis, qui
> Endure de Philis les rigeurs inhumaines;
>   Lui faisoit une longue ki-
>   Rielle de ses peines.

Je reviens à mon sujet : mais comme une aussi favorable occasion ne se présentera pas dans la description du district de Quimper, et qu'autant qu'il est possible les traits d'une même nature doivent être rapprochés, je veux transcrire une lettre assez singulière, écrite de Quimper à l'auteur du journal de Lecture.

« En nous promenant sur la côte de Bretagne, dans les environs de Concarneau, nous entrâmes dans un cabaret, pour laisser passer un gros nuage qui menaçoit les rubans, les gazes, les dentelles de madame la baronne de ✶✶✶. Je ne vous citerai pas la foule de madrigaux ingénieux que cette position fit naître. Vénus se rapprochoit de Cérès et de Bacchus pour se dégeler. *Nam sine Cerere et Baccho friget Venus....* La cabane de Philémon se métamorphosoit en temple. M. le sénéchal de Pont-L.... dit qu'il mettroit en refrein, Vénus au cabaret. Quand on eut rendu cet hommage bien mérité aux charmes de madame la baronne, on plaisanta beaucoup sur un bahu qui contrastoit étrangement avec les canapés du château, on rapprocha l'estampe de *Crédit est mort*, du portrait de monseigneur le duc de Penthièvre, qu'on voyoit à l'amirauté de Quimper. Le chevalier de.... trouva ridicule qu'on osât parler peinture devant un homme qui se piquoit d'avoir étudié la superbe galerie du président de R....

» Dans le moment, on nous appelle avec fracas, pour nous montrer le portrait de Jean Causeur, vieillard breton, de cent trente-cinq ans; on conclut que la rencontre étoit de bon augure ; en le regardant de plus près, nous distinguâmes ces deux vers, écrits au crayon noir et datés de 1776 :

Le Tems se fatigua sur ce vieux bas-breton ;
Sa faulx, qui détruit tout, s'ébrécha sur son front.

—Le chevalier, qui se piquoit d'érudition et de mémoire dit : La pensée et l'expression ne sont pas neuves. J'ai lu, dans les environs de Paris, sur une grosse pierre, en lettres noires, longues d'un pied :

Sa masse indestructible a fatigué le Tems.

«—Ce vers, est de l'abbé de l'Isle, dit la baronne ; le sénéchal, homme d'esprit, qui veut absolument établir une chambre de lecture à Pont-L...., pour correspondre avec les beaux esprits de Rennes, et peut-être un jour avec l'académie des Inscriptions, prétendit que l'abbé de l'Isle avoit eu connoissance de ce distique. Un chanoine de Quimper assura que l'abbé de l'Isle étoit incapable de puiser ses idées dans un cabaret.

» La querelle s'échauffe ; le chevalier proteste que le mot fatigué, dans les vers nobles étoit trivial, que le mot indestructible l'avoit choqué, sur une pierre, grosse à la vérité, mais beaucoup moins que celles que lance le Vésuve, en Sicile.

Il trouva bien plus de justesse dans les vers du cabaret, et il assura que la faulx du Tems ébrêchée, mais non détruite, présentoit une idée si vraie, qu'il vouloit la faire graver par Audran, ou par Cochin. On lui répondit avec chaleur; enfin l'on paria trente-six francs que l'abbé de l'Isle n'a jamais vu le cabaret voisin de Concarneau, et que son vers est préférable aux deux vers que je viens de citer.

» C'est à vous que nous osons nous adresser, monsieur, pour juger cette question qui trouble toutes nos assemblées; ne dédaignez pas d'insérer cette lettre dans vos feuilles, elle prouvera peut-être à ces messieurs de Paris qu'on sait s'occuper en Bretagne, et que le flambeau du génie, qui brille sur la capitale, jette quelque lueur sur les rochers de l'Armorique, et dans les environs de Quimper-Corentin.

Nous avons l'honneur d'être, etc.,
Monsieur,
Un de vos Abonnés.

Ces mauvaises plaisanteries, ces vers burlesques ne prouvent rien. Quimper, malgré les préventions françaises, les vers de Lafontaine, etc., n'en est pas moins une ville très-aimable, très-éclairée; c'est l'endroit de la Bretagne, où, sans comparaison, on trouve le plus de connoissance, de talens, et d'amour pour l'étude. Les habitans en sont obligeans, les femmes gaies, vives, spirituelles; elles ont encore pour les talens et pour les lettres, ce vieux respect, anéanti dans une partie de la France, par les déclamations du bon Jean-Jacques.

M. de B.... gentilhomme breton, me contoit à Paris, que montant à Quimper la rue Obscure, accompagné d'un gentilhomme de cette commune, ils virent s'avancer un paysan, jeune et vigoureux, ivre, et roulant dans l'air un bâton menaçant. B.... inquiet, fait voir à son ami que cet insolent pourroit l'insulter. S'il avance, donne-lui sur la tête un fort coup de ta canne, mais ne redouble pas. Le paysan s'approche et les insulte. B.... suit le conseil qu'on venoit de lui donner;

le rustre tire son chapeau, fait la révérence et s'en va.... C'est le coup de bâton du seigneur ; il paroît qu'autrefois un gentilhomme avoit le droit de frapper une fois un paysan, pour l'avertir, pour le ramener à la raison, mais il couroit risque d'être assommé, s'il revenoit à la charge. Ainsi, nos commandeurs à Saint-Domingue ne pouvoient donner qu'un coup de fouet au nègre paresseux, négligent ; s'il redoubloit, le nègre se plaignoit, le commandeur étoit puni de la peine du talion. *Cum redoublamentis.*

Le propriétaire de la terre de Coat fao et de Prat-an-ras demandoit un œuf à chaque ménage au tems de Pâques ; il faisoit enlever les marteaux des portes, ou les serrures, chez celui qui le refusoit.

K..... pouvoit prendre le meilleur poisson du pêcheur qui passoit devant ses terres.

Le propriétaire de Trohir, commune de Kerfuntun, devoit tous les ans à l'évêque de Quimper, un écu d'or, qui ne pouvoit être présenté qu'à la messe du jour de Noël, et par un gentilhomme ; il en étoit dressé procès-verbal par la justice de monseigneur. Tous les sept ans on remplaçoit l'écu par une paire de gands de soie blanche bordée en or.

P.... K...., à la Chataigneraye, (en Briec), pouvoit porter, à côté de l'évêque, un bâton d'argent, pendant les offices. — Un de ses ancêtres avoit délivré d'un coup de bâton, un curé, portant le bon-Dieu, que des manans insultoient.

Un évêque allant à Pont-l'Abbé, s'enfonçe dans un bourbier, des paysans le délivrent, il leur présenta de l'argent, refus. — Eh-bien, dit le saint-homme, il n'y aura plus que trois lieues de Quimper à Pont-Croix : il raccourcit ainsi la route.

Tous les ans, à Quimper, le jour de Ste.-Cécile, à deux heures après-midi, tout le clergé montoit sur la plate-forme où l'on trouvoit la statue équestre du roi Gralon, entre les deux tours de la Cathédrale ; on y chantoit un hymne à grand chorus, accompagné de musiciens. Pendant ce tems, un des valets de ville montoit en croupe sur le cheval, tenant une bouteille, un verre, une serviette ; cet homme alors versoit une rasade, la présentoit au roi, l'avaloit, essuyoit la bouche du prince, et lançoit le verre dans la place. On se précipitoit pour le recevoir ; celui qui le rapportoit sans qu'il fut rompu, devoit avoir une gratification de cent écus, ce qui n'est jamais arrivé. On a prétendu que le valet de ville cassoit le verre avant de le jeter : l'assertion est fausse. En critique sévère, j'atteste que celui qui, pendant les vingt-deux dernières années s'est acquitté de cette fonction, le jettoit sans l'avoir fêlé. Il ne faut pas dénaturer des faits de cette importance ; mon témoin est encore vivant, tout Quimper peut le consulter. La cérémonie se terminoit en plaçant une branche de laurier dans la main du roi Gralon. — Je ne devine pas le sens de cette pratique ingénieuse, on ne doit rien négliger en histoire ; peut-être un jour ce fait éclaircira-t-il quelques faits importans ; il fournira peut-être un rapport ingénieux, une longue dissertation à quelque grand commentateur. — Gralon sera le Bacchus, ou le Mars des Bretons; Bochard, Cluverius, Newton, Scaliger, tous les savans des derniers siècles, n'ont rempli tant d'in-folios que de rapports de cette espèce.

L'art des transitions est un des grands talens de l'écrivain, j'en conviens; mais au milieu de tant de folies, de contes, de superstitions, de descriptions, de détails si différens, j'ai de la peine à leur donner l'air naturel qui leur convient. Je ne sais, par exemple, comment lier l'histoire de la statue de Gralon à la description naturelle des rues, des places de Quimper, des embellissemens projettés pour cette commune. Je prendrai le parti que j'ai suivi jusqu'à présent, j'écrirai sans me piquer de mériter les éloges qu'on doit aux esprits réglés, méthodiques, à ces têtes quarrées, solides, calculantes, qui ne rapprochent rien d'incohérent, à ces gens qui ne sortent jamais d'une ligne processionnelle. Quand un fait se présente à ma mémoire, je le rapporte; cette marche en vaut une autre, elle s'éloigne, au moins, de l'uniformité, mère des dégoûts et de l'ennui.

Si j'avois divisé mon travail, par chapitres, chacun eût parcouru l'article propre à son état, à son génie, en négligeant celui

celui qui lui convenoit le moins. Un architecte, par exemple, eut laissé les passages où je ne parle que de superstitions, de folies et de chansons; il n'eut pas lu l'histoire suivante, elle est pourtant insérée dans Cervantes, et qui n'a pas lu Don-Quichotte!

Un marchand, en quittant Quimper, confie à son voisin une somme considérable, en le priant de la garder jusqu'à son retour.... Il arrive : on nie le dépôt : appel au tribunal : on demande un serment ; le dépositaire infidèle, prêt à lever la main, remet la canne remplie d'or à l'homme qui réclamoit son argent, et jure alors qu'il le lui a rendu. Un crucifix, selon l'usage, présidoit à ce tribunal; indigné de cette affreuse infidélité, son bras se détache, son sang coule, la canne se rompt, et la fourberie se découvre. J'ai vu le sang exposé tant de siècles à la vue des fidèles ! — La révolution, ennemie des miracles, a détruit ce grand monument de la piété de nos pères.

Quand Cervantes a placé ce fait dans l'isle de Barataria, au tribunal de notre ami Sancho, il ignoroit le vrai lieu de la scène.

Je ne parlerai pas du merveilleux poisson d'une fontalne de Quimper, toujours vivant, toujours entier, quoique Saint-Corentin en coupât chaque jour la moitié pour se nourrir dans la journée. L'évangile nous rapporte le miracle des cinq pains, qui substantèrent cinq mille spectateurs. L'histoire de Bretagne nous conte que Saint-Yves alimenta deux cents personnes, avec huit sols de pain, dans un tems de famine. Ces faits sont trop communs pour être rappelés; Saint-François n'en faisoit pas d'autres.

Quimper doit être submergé, si la bougie du Guéodet s'éteint.

Si quelqu'un s'écrioit : *Dove diavolo messer, avete pigliate tante coglionerie* ; je répondrois, c'est à Quimper.

Il est peu de ville, qui depuis la révolution n'ait perfectionné ses plans, ses quais, ses promenades publiques, Quimper n'a pas eu cet avantage ; il est presque impossible d'embellir l'ancienne partie de la cité ; les augmentations qu'elle recevra se porteront sans doute dans le voisinage des quais, sur ce qu'on appeloit la Terreau-Duc. On ne peut se dispenser, en attendant, d'élargir la rue Obscure; on la traverse en allant à Brest, en revenant de cette ville; le plus habile cocher a de la peine à la passer : les accidens y sont communs.

L'ingénieur Detaille, homme plein de mérite, de zèle, d'amour pour le bien public, a présenté tous les plans d'utilité générale et d'agrément pour la ville qu'il habite, pour l'arrondissement qu'il surveille; les sommes médiocres qu'il a reçues du gouvernement, employées avec intelligence, avec économie, sont bien loin de suffire aux dépenses nécessaires; les hommes, les maçons, d'ailleurs, sont devenus si rares, leur solde est si considérable, qu'il ne peut pas garnir les ateliers. Attendons tout du tems et de la paix.

Ici, comme par-tout, les corps administratifs ont négligé de se pourvoir d'édifices, de terreins qu'on leur eût accordés, pour établir des hôpitaux, des casernes, des places nécessaires. Quand on fut prêt à vendre Kerlot, le citoyen Detaille réclama les terreins indiqués dans le plan général de la ville, comme destinés à son embellissement, aux constructions projettées depuis long-tems. On n'eut aucun égard à ses observations. La vente s'effectua; la nation sera dans la nécessité de dédommager l'acquéreur, de contrarier un propriétaire, ce qu'on eut évité avec un peu de prévoyance.

Sur une partie de l'enclos non vendu des Ursulines, on veut former une place que traverseroient trois grandes routes; celles de Pont-l'Abbé, de Douarnenez, de Locronan. Cette place deviendroit un marché nécessaire; au milieu s'élèveroit une fontaine publique; ses eaux seroient fournies par la source de Saint-Joseph; dans un des angles on établiroit un lavoir. Pour que la place communiquât avec les quais, on ouvriroit une rue sur les terres de Kerlot.

Le citoyen Detaille a proposé de construire un abreuvoir près du pont de la Révolution, d'établir un passage sur la rive orientale de la rivière; il isoleroit le bâtiment où sont réunis les corps constitués, le public en approcheroit avec plus de facilité et sans le long détour qu'il est forcé de faire, quand il s'y rend par le pont du Parc.

Le tribunal criminel n'a pas, pour ses assises, un local particulier, commode ; il occupe momentanément une petite église près du Pont Sainte-Catherine ; point de prison criminelle, point de maison d'arrêt, point de bibliothèque à Quimper. On pourroit placer ces établissemens indispensables, dans l'islot des corps constitués, la bibliothèque occuperoit la partie qui s'approche le plus de la promenade du Pinity, où le lecteur pourroit rafraîchir sa tête fatiguée, sous un ombrage épais, dans un air purifié par le mouvement des eaux ; sur un terrein uni, sablé, foulé par les plus jolies femmes.

Le quai de l'ouest a besoin d'être reconstruit.

Il seroit nécessaire de faire curer le lit de la rivière au confluant, sur-tout du Steyr et de l'Odet.

Tous les payés de la commune sont à refaire ; ceux de la rue du Guéodet, surtout où l'on ne peut marcher la nuit sans risquer de se casser la jambe. C'est dans cette rue mal-propre, obscure, infecte, étroite, mal percée, que sont placées les boucheries.

Peu de mois se passent à Quimper sans que quelque particulier ne tombe dans la rivière et ne s'y noie. Ces funestes accidens devroient avoir déterminé la ville à faire placer des gardes-fous sur tous les quais.

Les vieilles et les enfans supposent que le diable, sous la forme d'un gros chien noir, vous précipite dans l'abîme, et que le hasard seul ne peut déterminer des accidens si souvent répétés. Les quais sont impraticables pendant plus d'un tiers de l'année; il est essentiel de les paver.

A l'extrémité de la promenade du Finity, près de l'ancienne ville de Loc-Maria, plus vieille, dit-on, que Quimper, et qui n'est à présent qu'un village, on voit une manufacture de toute espèce de fayence, de poterie, dont les travaux n'ont pas entièrement cessé depuis la révolution; on devroit l'encourager et la soutenir. Depuis l'interruption du commerce elle fournit au Finistère la grosse poterie, dont sans elle il eut été forcé de se passer : ses travaux autrefois étoient plus recherchés, quoiqu'elle n'employât que de mauvais modèles ; si j'en juge par d'anciens moules et par quelques pièces non vendues et cassées que j'ai vu dans le magasin. Le gouvernement devroit faire passer dans toutes les manufactures de la république des modèles de ces beaux vases apportés d'Italie par Denon.

C'est par ses soins que les arts se perfectionnent. Un vase régulier parfait, élégant, comme ceux de Volterre et d'Arezzo ne coûte pas plus au manœuvre qui l'exécute, que ces pots lourds uniformes et grossiers des manufactures de France.

C'est en copiant l'Etrurie que les ateliers de Wedgwood mettent à contribution toute la terre, et que la gaucherie des artistes Anglais disparoît sous des formes, empruntées à la vérité, mais préférables aux caprices des autres peuples de l'Europe.

En suivant les contours variés de la rivière à laquelle les eaux de la mer se mêlent, vous avez sous les yeux quelques paysages sauvages, quelques jolies maisons de campagnes et les montagnes dépouillées qui vous conduisent jusqu'à la rade de Benaudet, par un espace de trois lieues.

Les bâtimens de trois cents tonneaux remontent jusqu'à Quimper : ceux de cinq à six cents ne peuvent se rendre qu'à l'anse de Lanroz, à deux lieues de Benaudet : sur cet anse on pourroit établir une excellente briquerie ; deux espèces de terre, qu'on y trouve, quand elles sont mélangées, donnent des briques parfaites. On en a fait l'essai. Cet établissement, entre Brest et l'Orient, seroit avantageusement situé.

Des frégates peuvent se mettre en sûreté dans la rade de Benaudet : elles n'y viennent que dans les cas forcés ; la passe est bonne, mais quand on est contraint de louvoyer on en redoute les bas-fonds.

La compagnie des Indes eut, dit-on, le projet d'y faire un port.

Sur toute cette côte, depuis le port Liberté jusqu'à Brest, on fait une pêche très-considérable de sardines, de congres, de julienne ; le congre se pêche à la ligne ainsi que le merlu ; la sardine se prend dans des filets fort grands ; ils tiennent à l'arrière du canot, tendus par des plombs, soutenus par du liége : on attire ce poisson avec de la rogue ; c'est du fret ou des œufs brisés du stock-fish délayés dans de l'eau de mer. On tire la sardine des filets avec une espèce de raquette. On compte ordinairement cinq hommes dans chaque bateau : les sardines, disent les pêcheurs, ont un roi, nommé le Maigre, qui quand il trouve un banc de ses sujets, les mange tous, formassent-ils un monceau supérieur aux plus grosses montagnes ; dès qu'on le voit s'élancer hors de l'eau, la pêche est terminée ; les bateaux rentrent : on ignore s'il existe réellement un animal si redouté des sardines, qu'elles se dispersent à son approche, ou si ce poisson n'est produit que par l'imagination des pêcheurs ; jamais cet animal dévorateur ne s'est trouvé dans leurs filets.

On pêche dans ces mers des harengs, des maquereaux. A trente-six lieues, dans le sud-ouest de Pen-March, il existe, dit-on, un grand banc de morue, qu'on a négligé pour Terre-Neuve.

On vante avec raison l'excellente poissonnerie de Quimper : la rivière produit des saumons, des truites, des mulets, des anguilles. Concarneau et Douarnenez lui portent des poissons de toute espèces, soles, turbots, rougets etc. etc. Tout ce qui peut garnir une table bonne, recherchée, s'y trouve en abondance ; c'étoit un pays de chanoine. Les denrées n'y sont pas aussi chères que dans les villes voisines de Brest et de l'Orient, gouffres où tout va s'engloutir, sur-tout dans les tems de désordres où les approvisionnemens mal dirigés, laissent porter sur le Finistère et sur le Morbihan la charge de les alimenter.

Le beau bâtiment de l'évêché sert à présent d'auberge ; on y reçoit les étrangers dans des appartemens vastes, propres, bien éclairés, meublés avec recherche.

Les tabagies de la Bretagne, de la France entière donnent du prix à ces maisons commodes.

L'hôpital militaire de Quimper est bien

tenu, dans une position avantageuse, sur un tertre élevé qui domine la ville ; on y jouit du meilleur air, d'une belle vue ; le jardin est assez vaste, assez bien exposé pour qu'on y cultive des plantes médicinales, exotiques, etc.

Le collége est un bâtiment vaste, très-propre aux exercices de la jeunesse ; il appartint aux Jésuites jusqu'au moment de leur destruction ; il étoit tenu par un principal et sept professeurs : on ne pourroit l'employer aujourd'hui sans réparations. Il est cruel de voir ce vaste emplacement abandonné, de trouver dans toutes les places publiques, dans tous les carrefours, cette multitude d'enfans sans guide passant l'âge de la mémoire, les plus beaux momens de la vie dans un abandon presque total : quel ton, quelle attitude, quels juremens ! leurs mœurs se corrompent, les préjugés s'ancrent dans leur esprit. Attendons la paix pour régler le commerce, pour exercer une sage police, pour faire refleurir les arts : mais que laissant tout autre soin, sa famille, ses prétentions, sa fortune, tout honnête homme instruit s'adonne à l'éducation d'une jeunesse intéressante, perdue, si l'on ne vient à son secours.

Il n'y a point à Quimper de maître d'ydrographie. Le citoyen Tylly y montre les mathématiques avec succès. On n'y trouve ni maître d'escrime, ni maître de danse, ni maître de musique. Je ne sais si dans ce moment, on y pourroit apprendre à lire.

Des enfans nés avec des dispositions pour la peinture, y trouveroient pourtant un des meilleurs maîtres de la France. Les hommes de sa force ne donnent point les premières leçons.

Valentin, né dans la Bretagne, après avoir fini ses études à Rome, revint à Paris, s'y fit connoître.

De retour dans sa patrie, il a pris le parti de donner des leçons publiques : une soixantaine d'élèves assistent à ses séances, qu'il a cessées faute de bois pendant l'hiver. — Chargé d'une mission relative aux arts, je vis cet artiste habile et sans fortune.

Valentin a servi la révolution de son épée, de sa plume et de son pinceau ; quelques chansons grivoises ont répandu parmi le peuple, des idées patriotiques sans se porter à des fureurs.

Il fait ainsi parler un volontaire du Finistère.

Sur l'air : *Et y haça v'la qu'est donc bâclé.*

>Pour f..... à bas tous les pantins
>De la ...... et de l'Allemagne,
>Et ses autres mangeurs de Saints,
>Les soldats du sire ......,
>Il ne nous faut d'autre instrument
>Que de bonne paille de gland. (*bis.*)

Un soldat disoit :

>Le roi d'Chypre et d'Jérusalem
>Peut à présent graisser ses bottes;
>Car j'lui f.... son requiem
>Pour dormir avec ses marmottes;
>Puis nous irons dans ses états
>Les ramonner du haut-en-bas. (*bis.*)

Les principaux ouvrages de Valentin sont :

1°. Le Martyre de Saint-Etienne, exposé dans le salon de Lebrun, en 1790. Il appartenoit à l'évêque de Saint-Brieux, Renaud de Belcise. Il est à présent à Paris.

2°. Jean II, duc de Bretagne, donnant aux Bénédictins un diplôme qui leur permit de bâtir la belle abbaye de Prières. Il étoit dans cette abbaye, département du Morbihan.

3°. Trois Plafonds pour M. Dargenton, aux ormes; ils représentent le printems, la paix, Jupiter enlevant Ganimède. Les personnages ont huit pieds de longueur.

4°. Une extrême-onction à Saint-Brieux : on en vit l'esquisse au salon, en 1791.

5°. Une Annonciation, le Baptême de J. C., plusieurs Saints, à Prières.

6°. Une Sainte-Geneviève, pour le marquis de Tenténiac, à Belon.

7°. Saint - Jean dans le désert, appartenant au comte de Severac, près de Vannes.

8°. Deux tableaux à Morlaix, l'Enfant-Jésus sur un globe, et la Délivrance d'une ame du purgatoire.

9°. Une multitude d'études et de dessins;

Aman mis en croix, d'après Michel-Ange: presque toute la chapelle Sixtine : — La justice de Raphaël, aux trois crayons : Enée portant son père, du même maître.

Des morceaux, d'après le Dominicain, les Caraches, etc., destinés à la gravure.

Des études anatomiques, dont il veut faire un cahier de principes.

10°. Il a remis au représentant Tréhouard, pour l'offrir à la convention, la Philosophie versant sur Paris la lumière qui pénètre dans les départemens.

11°. Il achève un fort beau dessin ; la Justice conduit la France au temple de l'immortalité, malgré l'envie, l'enfer et les tempêtes.

12°. Il esquissoit il y a quelques mois un sujet assez neuf : la France montre la Liberté à des nations éloignées, aux Musulmans, aux Chinois, aux Tartares qui copient la table des droits de l'homme.

J'oubliois sa grande composition qu'il doit exécuter pour le département. — C'est une belle allégorie ; l'innocence expire immolée sur les marches de l'autel de la liberté ; l'envie fait suer ses serpens sur ses restes inanimés, qu'un génie couronne d'étoiles ; la muse de l'histoire trace sur ses tablettes, le nom des membres du département qui périrent sous le couteau du tribunal révolutionnaire, à Brest.

Valentin sans fortune languit et végète à Quimper.

Les secours de la médecine sont administrés dans cette commune par des hommes de mérite.

L'hospice civile contient une centaine de lits ; on y reçoit les enfans trouvés.

Une partie de ces hommes, aussi recommandables par leurs vertus que par leurs talens, que par leur héroïque intrépidité, (je parle de ces infortunés membres du département, qui, à la honte de l'humanité, périrent sur l'échafaud), étoient de Quimper; presque tous s'étoient formés dans cette ville. — Qu'on les suive depuis les premiers jours de la révolution, qu'on parcoure leurs registres, qu'on lise leurs arrêtés, qu'on juge les mouvemens qu'ils ont commandés, l'esprit qu'ils ont répandu, on les verra toujours les plus
fermes

fermes appui de l'unité républicaine : inébranlables dans leurs principes de patriotime et de philosophie, aussi prompts à concevoir un grand plan qu'à l'exécuter, ils ont tombé sous le couteau, parce qu'il étoit impossible de les écarter du sentier de l'honneur, de la justice et de l'humanité. Si le Finistère, entouré de chouans et des flottes anglaises, n'a point encore laissé souiller son territoire, il le doit à l'impulsion de son ancien département, aux principes qu'il a répandu, à son esprit, qui vit encore.

Quel homme avoit la sérénité, le calme de Kergariou, plus de zèle, plus de dévouement que ce malheureux Moulin?

Quelle force, quel style chez le procureur-général Brichet! avoit-on plus de talens, plus d'amabilité, plus de simplicité; s'exprimoit-on avec plus d'énergie que cet infortuné Morvan, couronné par l'académie Française, orateur, musicien, poète, administrateur éclairé.

Quel homme fut plus respecté, plus aimé que Delmat? au moment du supplice sa voix fit pâlir ses bourreaux.

Mais une aussi sèche analyse ne suffit

pas aux mânes de ces hommes généreux ; c'est dans les pages de l'histoire qu'on doit apprendre à les aimer, à les admirer, à les pleurer.

Quimper est situé par les six dégrés vingt-sept minutes vingt et une secondes de longitude, et par les quarante-huit dégrés vingt minutes de latitude ; le pays est rempli de montagnes : celles que l'on nomme les montagnes Noires sont les plus considérables ; elles forment un rideau de la longueur de trente-cinq lieues ; les montagnes d'Arès ont neuf lieues de longueur.

Quimper contient neuf mille cinq cents habitans ; le voisinage de la mer est varié, délicieux. Les environs offrent des montagnes, des landes, des terres incultes et des bois assez étendus.

Les Anglais, venus au secours du comte de Montfort, assiégèrent cette ville sans pouvoir la prendre : elle étoit bien défendue par ses fortifications.

Quimper ne se rendit qu'après la victoire de Montfort.

Dans les troubles de la ligue, tranquille jusqu'à la mort de Henry III, Quimper prit le parti du duc de Mercœur; en 1595, elle étoit soumise au roi.

» En 1634, l'ignorance, la superstition et l'idolâtrie exerçoient encore leur empire à Quimper. Les femmes qui avoient leur mari en mer alloient balayer la chapelle la plus voisine et en jettoient la poussière en l'air, dans l'espérance que cette cérémonie procureroit un vent favorable à leur retour. On fouettoit, on jettoit dans l'eau les saints qui n'accordoient pas les demandes qu'on leur faisoit; les uns mettoient dans leurs champs un trépied ou un couteau fourchu, pour garantir le bétail des loups et autres bêtes féroces; les autres avoient soin de vider l'eau de tous les vases d'une maison où quelqu'un venoit de mourir, de peur que l'ame du défunt n'allât s'y noyer; ils mettoient aussi des sièges auprès des feux de joie de la Saint-Jean, pour que leurs parens morts pussent se chauffer à leur aise; la veille de la même fête, on permettoit, en plusieurs endroits de la Basse-Bretagne, au peuple de danser une partie de la nuit dans les chapelles. — On se mettoit à genoux devant la nouvelle lune, et l'on disoit un *Pater* et un *Ave* à son intention. — Au premier de l'an on faisoit une espèce de sacrifice aux fontaines publiques, par plusieurs morçeaux de pain couverts de beurre que chacun y offroit; dans certaines paroisses, on portoit, le même jour, aux fontaines, autant de morçeaux de pain qu'il y avoit d'individus dans une famille, et par l'arrangement qu'ils conservoient en surnageant, on prétendoit connoître ceux qui devoient mourir dans l'année.

Après avoir décrit la ville de Quimper, parlé de ses établissement, de son esprit, passons à l'examen du district dont elle est le chef lieu.

Les administrateurs du département du Finistère, le tribunal criminel, le tribunal civil y résident.

Il y a douze lieues de la pointe de Penmarch à Tourch, neuf lieues de Trevignon à Plogounec. Ce sont les principaux diamètres du district.

L'esprit public est bon en général; dominé cependant par la superstition dont les effets se font sur-tout sentir dans les villes Méditérannéennes ; le peuple est gai, les mœurs sont pures, on n'a jamais pu le conduire aux excès, dont tant de contrées se sont rendues coupables à l'époque du terrorisme.

Le climat de ce pays est pluvieux, stérile en général, couvert de landes ; la moitié des terreins qui pourroient être cultivés est négligée, on n'y voit pas une forêt, mais elle est assez bien boisée ; on tire un grand parti des taillis d'Elian et de Pleuven ; le chêne, le hêtre, le peuplier, le chataignier sur-tout sont les arbres qu'on y remarque.

Les cidres ne suffisent pas à la consommation des habitans.

On cultive beaucoup de bleds noirs dans le district en général.

Pont-l'Abbé fournit beaucoup de légumes, Penmarch de superbes moissons de froment.

Le commerce des bestiaux étoit très-considérable autrefois ; les Normans y venoient acheter des chevaux : on entretenoit un haras à Lansalut.

Le gibier est assez commun dans cet arrondissement ; on se plaint des loups et des sangliers qui le ravagent ; on y voit beaucoup d'hermines.

J'ai parlé de la fayence de Locmaria ; il existe d'autres petites manufactures de grosse poterie et de vases de grai dans le même lieu, à Gaberic, à Ergué.

On trouve une papeterie dans Kerfuntun, sur le Steyr.

Il y a, près de Quimper, de l'argile blanche très-micacée, propre à faire des poteries de l'espèce de celle qu'on fait en Angleterre, on l'a néglige.

Les tanneries sont en si petite quantité, de si peu d'importance qu'on ne devroit pas les citer.

Le séminaire de Quimper est bâti sur un mont de cailloux roulés.

Le granit est la pierre la plus commune ; on y trouve beaucoup de schistes micacés, du quartz, etc. ; on n'y connoît point de pierre calcaire.

Le citoyen Cormier, nommé commissaire pour l'exploitation d'une mine de charbon-de-terre, près des murs de Quimper, a trouvé dans un espace de six cents toises, et dans la même direction, cinq affleuremens bien prononcés; les échantillons éprouvés ont été trouvés trop légers; les autres fouilles en offrent de meilleurs.

Voici l'état des couches de cette mine.

1. Terre végétale.

2. Glaise sabloneuse, qui plus bas s'unit à des cailloux roulés et ne fait avec eux qu'un même solide.

3. Cailloux roulés, mêlés de sables micacés et coagulés.

4. Schiste gris, imparfait, très-cassant.

5. Terre noire stéatiteuse et feuilletée.

6. Charbon-de-terre, quelquefois mêlé de quartz.

7 Granit très-micacé, sans feld spate, fort dur et peu cassant.

» Ce dernier rocher fait toujours le mur du filon, et est le plus intimement uni au charbon, excepté la terre végétale; ces couches se répètent à chaque veine de charbon, il y en a trois bien remarquables; la première a sept à huit pouces d'épaisseur; la seconde est divisée dans la terre noir stéatiteuse, elle a douze pieds de large; la troisième, qui est encaissée dans un rocher très-dure, n'a que deux pieds de large et produit dans quelques parties six pouces de charbon pur et massif.

La direction des veines est toujours du levant au couchant; leur inclinaison fait soupçonner qu'elles se réunissent à une certaine profondeur.

En général cette mine ne donne que peu de succès, mais quelques espérances.

Le commerce du district consiste en bleds, en miel, en cire, en sardine, en poisson. On pourroit y nourrir beaucoup d'abeilles.

Il y a des moutons noirs à Penmarck, à Ploumeur, à Saint-Jean.

Les chanvres qu'on cultive suffisent à peine à la consommation; le lin réussit sur la côte, on y desire des graines de Russie, et du sarazin de Sibérie, qui redoute moins les gelées.

Les chemins de traverses sont tous à réparer.

Les grandes routes sont en assez bon état.

Les ponts qu'il est indispensable de rétablir sont ceux de Rosporden, de Pont-l'Abbé, de Cluyon, qui sert à la communication avec Carhaix; ici, comme à Châteaulin, on demande la route nouvelle qui conduiroit à Morlaix, par Braspars.

Il me reste à faire connoître Pont-l'Abbé, Penmarck, Concarneau, les îles des Glenans; tous ces lieux sont compris dans l'arrondissement du district de Quimper.

La route de Quimper à Pont-l'Abbé est en assez bon état; elle n'offre rien de remarquable.

La mer remonte jusqu'à Pont-l'Abbé; en face du pont de cette commune est un château flanqué de deux tourrelles; une de ces tours est détruite, la municipalité occupe l'autre : ce vaste bâtiment est construit de grandes pierres de tailles; avant l'invention du canon, il eut été fort difficile de le réduire; il passa de la maison de Rohan à celle de Richelieu. Un Duquenelec, propriétaire de Pont-l'Abbé, fut une des victimes de la Saint-Barthelemy; les seigneurs de cette baronnie possédoient de 40 à 50,000 livres de rentes, ils percevoient cinquante sols sur chaque mariage; chaque nouveau domicilié dans leurs terres leur devoit une pareille somme. Les plus anciens titres trouvés dans les archives du château ne remontent qu'à treize cents. Ces seigneurs, quand ils envoyoient un sergent avertir d'apporter leurs rentes, avoient un droit qu'on nommoit *Viand à Garcon*, les métayers étoient obligés de nourrir ce messager d'autant de viande qu'il pouvoit en manger; il ne lui étoit pas permis d'en emporter.

Un grand Voyer, vassal de Pont-l'Abbé portoit, dans les tems les plus reculés, une baguette blanche à la main, quand il assistoit à des jugemens, ou quand il conduisoit des prisonniers. Cette baguette, dont les juges d'Espagne, d'Angleterre sont encore armés, étoit dans les Gaules et partout l'emblême de la force qui punit, et de la douceur qui doit présider aux jugemens.

Les seigneurs de Pont-Château et de

Pont-l'Abbé se prétendoient barons des états de Bretagne.

La partie du Pont-l'Abbé qui précède le pont du côté de Quimper n'est pas la plus considérable, elle ne paroît qu'un village ; au-dessus du château règne un monticule habité, une place assez grande, qui lui donne l'air d'une petite ville.

Le couvent des Carmes, placé sur les bords de la mer ou de la rivière, est un bâtiment assez vaste dont l'enclos est considérable ; un particulier l'occupe après l'avoir acquis de l'état. On a trouvé dans cette maison cinq tableaux médiocres, et seize à dix-sept cents volumes, qu'on a fait parvenir à Quimper ; on vantoit une rose de l'église, d'un travail délicat ; un architecte verroit avec plaisir les voutes surbaissées des caves et des cuisines du château de Pont-l'Abbé.

Le petit hôpital de cette commune ne contient que douze à vingt lits ; avant la révolution il avoit 2000 livres de revenus.

Cette ville, plus commerçante autrefois qu'à présent, n'a pas de magasin public qui puisse servir au commerce,

La prison est dans le plus mauvais état. Elle n'a ni lavoir, ni abreuvoir, ni fontaine commode ; il seroit facile de lui procurer tous ces avantages ; on a le projet de faire un quai sur la plage de Pont-l'Abbé, et d'établir une route directe entre Pont-Croix et cette commune, elle est indiquée sur la carte d'Ogée, elle fut même commencée par ordre du duc d'Aguillon.... Ce chemin établiroit une importante commucation entre les plus riches cantons du district de Quimper et de Pont-Croix.

Le commerce principal de Pont-l'Abbé se faisoit en Catalogne, à Sette, à Nantes, à Bordeaux ; des barques de vingt jusqu'à cent cinquante tonneaux y portoient des sardines, des congres, des merlus, des juliennes, des raies sèches ; on a vu jusqu'à cent vingt bâtimens dans le port de cette petite ville.

Ses environs sont d'une incroyable fécondité, c'est un pays de promission ; outre le froment qu'on y receuille en abondance, on y trouve beaucoup d'orge, de bled noir et d'avoine ; on pourroit y soigner de très-belles prairies qu'on néglige ; on vante les beurres de ce ce pays, les fruits

Marchands d'Oignons et Panets
du Cap, près Pont-Croix.

de toute espèce y sont délicieux et très-communs; cerises, pêches, abricots, figues, etc.; les jardins couverts de choux, d'oignons, d'haricots, d'asperges, de melons, d'artichaux, de panais sont très-nombreux. Pour obtenir ces riches productions, il ne faut qu'effleurer la terre : les fruits et les légumes de ce canton devancent d'un mois la maturité de ceux du canton de Quimper, qui n'est éloigné que de trois lieues; on sent que les cultivateurs y vivent avec plus d'aisance. Le maire de Pont-l'Abbé m'a dit avoir mesuré dans les campagnes, des artichaux de vingt et un pouces de circonférence, et des chouffleurs de quinze à seize pouces de diamètre; les étrangers ont peine à concevoir cette différence entre les productions de terrains qui se touchent : on n'imagine pas la chaleur, la fécondité des terres qui bordent nos rivages.

L'air de ces contrées est très-vif, très-sain, on y voit peu de maladies; les vents y sont forcés et règnent au nord-ouest, près de neuf mois par an.

En 1787 et 1788 on élevoit beaucoup d'abeilles dans ces cantons, des voleurs en enlevèrent quelques ruches. Un préjugé fait croire que quand on vole une ruche, les autres dépérissent : on en néglige l'entretien d'après ce proverbe breton.

Nesquet a chunche varlearch ar laër.

Point de bonheur après le voleur.

Il seroit à souhaiter qu'on rétablît cette branche de commerce.

On entretient des moutons à Penmarck, Ploumeur et Beuzec.

La rareté des bois, presque tous employés par les sabotiers et ruinés par les salpêtreries, forcent les paysans à ne brûler que des tourbes, des genêts, de la bouse de vache, des landes, quelques mottes et des Goëmons sur le rivage.

L'île Tudy, Penmarck, Guilfinet, fournissent beaucoup d'hommes à la maistrance des vaisseaux de l'état, beaucoup de pilotes côtiers. Il seroit nécessaire d'entretenir à Pont-l'Abbé un bon maître d'hydrographie.

Il y a dans cette commune un chirurgien très-estimé ; les paysans des alentours sont gais, soumis, et de mœurs douces.

Sur la côte, on pille toujours les naufragés mais on les arrache à la mort.

Dans les campagnes, aux mariages, le plus âgé des hommes dit publiquement des prières après le repas. On a pour les vieillards le plus profond respect; quand vous buvez à la santé de quelqu'un, il faut qu'il boive dans votre verre et que vous buviez dans le sien : refuser de se soumettre à cet usage seroit un insulte très-grave. Le plus grand nombre des époux n'approchent de leurs femmes que trois jours après la noce; l'intérêt seul fait les mariages. Les tailleurs en sont communément les entremetteurs sous le nom de Basvanal, ces Basvanal, pour réussir dans leurs demandes, portent un bas rouge et l'autre bleu, et rentrent s'ils voient une pie, animal de mauvais augure. On conserve l'usage des courses de chevaux le jour des noces ; la course des hommes, la lutte, n'ont plus lieu depuis quelques tems. La soule est proscrite depuis que plus de quarante hommes, en le poursuivant, se noyèrent dans l'étang de Pont-l'Abbé.

Les anciennes superstitions se maintiennent dans les campagnes, on y fait beaucoup de contes de fées et de sorciers, on fait tourner le tamis pour retrouver les choses perdues. Quand on porte un enfant au baptême, on lui met du pain noir au col pour éloigner les sorts qu'on voudroit lui jetter; une femme ne souffre pas qu'on lui passe son enfant par-dessus la table, si dans ce passage un mauvais vent venoit à le frapper, il ne pourroit en guérir de la vie. Personne ne s'assied sur la table, les bonnes-gens croient qu'une tempête ne peut cesser que quand les corps impurs et les cadavres ont été vomis sur la côte. Ils croient que deux corbeaux président à chaque maison et qu'ils prédisent la vie et la mort.

Le premier novembre on fait encore dans quelques cantons reculés, des crêpes, un repas pour les morts.

Ils croient que quand un grand personnage, de grands criminels cessent de vivre, l'air, la terre et les mers sont ébranlés.

Je m'abstiens de montrer ici tous les rapports qui lient les superstitions actuelles de ces contrées avec les superstitions de tous

tous les peuples de la terre, l'homme le moins instruit fera tous ces rapprochemens qu'on auroit tort de dédaigner.

Le tambourin, le haut-bois, la musette sont les instrumens du pays. L'hospitalité s'exerce dans toutes les habitations. Les mœurs, la bonne foi s'altèrent, les femmes depuis quelques tems boivent beaucoup de vin et de caffé; les hommes un peu libertins sont plus propres, vivent mieux, sont plus civilisés que dans le reste de la Cornouaille et que dans le pays de Vannes.

Les habitans de l'île Tudy, dans la rivière de Pont-l'Abbé, existent dans un pays qui ne leur offre aucune espèce de production; ils ne vivent que de poissons, ils sont grands, ne s'allient qu'entre eux. Ils ont communément l'œil bleu, les sourcils et les cheveux noirs; les femmes au milieu de l'hyver sont dans l'eau jusqu'à la moitié du corps pour ramasser des huitres, des chevrettes, des moules. Trois heures avant le jour, dans les tems les plus froids, mouillées, sans feu, elles attendent l'heure du marché sous la halle de Pont-l'Abbé. Comme tous les peuples isolés, les pêcheurs de l'île Tudy méprisent les autres hommes; ils sont très-vains, très-fiers, on dit d'eux en proverbe :

Arguru nen a gloar. Ils sont couronnés de gloire.

Leur île n'a pas une demi lieue de tour. L'état ne leur donne aucun secours, ils sont pourtant utiles et pilotes, on devroit leur donner les vivres qu'on distribue dans l'île de Sein.

A une demi lieue de Pont-l'Abbé est l'île Chevalier sur laquelle on trouve une ruine assez considérable ; c'étoit, dit-on, un des châteaux de ce bon roi Gralon que nous trouvons par-tout dans ces parages ; elle a plus d'une lieue de circonférence ; elle est extrêmement féconde. On y compte une douzaine de petits villages.

Le gibier de mer, ainsi que la perdrix, les cailles et les lièvres, sont communs dans cette partie du Finistère.

On m'a parlé d'eau ferrugineuses à Lambour, à une portée de fusil de Pont-l'Abbé dans les communes de Bodilio, de Penmarck sur le territoire de Kertano, commune de Ploumeur. Sur la route de Plounéour, on trouve beaucoup de pierres Druidiques ; je parle de ces quartiers énormes de rochers plantés en terre et recouverts d'une grande pierre platte qu'on voit non-seulement dans la Bretagne, mais dans presque toutes les contrées de l'ancien monde.

Carnac, en Bretagne, est un des plus grands théâtres de ces monumens, il en existe une prodigieuse quantité dans ce canton, alignés avec symétrie ; ils ne sont éloignés que d'environ trois toises. Ce lieu suivant la tradition bretonne, dans les tems les plus reculés, appartenoit à des Druides ; il est entre l'île des Samnites et l'île de Sein, consacré par les oracles des prêtresses gauloises, dont j'ai parlé en décrivant l'île de Sein.

Carnac leur doit son nom, de Carn, amas de pierre et d'Ac ville.

Ces monumens sont multipliés en Angleterre et dans ses dépendances ; ceux de la plaine de Salisbury sont les plus célèbres, ils ont jusqu'à vingt-trois pieds de hauteur.

On en voit dans l'île d'Anglesey, dans les Hébrides, dans l'île de Boreray, près de Saint-Kilda.

On les connoît dans ces contrées sous les noms de Stone-Hengé, de Cromlehs ; le docteur de Stukeley prétend que leur vrai nom est Ambres, de la ville d'Ambresbury près de laquelle il en existe.

Les anciens bretons insulaires les nommoient *Chiorgaur* que les premiers moines traduisirent par ces mots : *chorea gigantum* ou *giants dance* ; ces mots offrent un rapport si positif qu'il est impossible de ne le pas saisir. Nous avons vu que nos bretons nomment *Gauric* les génies qui dansent autour de ces pierres. Les habitans de Pont-l'Abbé les appellent *ti Gauriquet*.

Les Anglais supposent ces monumens fondés par art magique ; ils en prêtent la construction à l'enchanteur Merlin ; M. Sammes aux Phéniciens ; Jnigo-Jones aux Romains ; ce célèbre architecte y voyoit un ordre toscan. Le docteur Charleton, médecin de Charles II, les croit fondés par les Danois.

Le D^r. Stukeley pense que quelques prêtres égyptiens persécutés par Cambise, se sont sans doute refugiés dans la Bretagne et qu'ils ont dû dresser ces pierres.

D'autres assurèrent qu'elles l'ont été par les Phéniciens.

Des antiquaires de ce pays ont cru que les Druides avoient l'art de composer ces pierres elles mêmes, en les formant d'un gros sable de mer lié par un ciment dont nous avons perdu l'excellente composition; ils se fondent sur l'impossibilité de transporter ces masses énormes dont les analogues ne se trouvent pas dans les environs de Salisbury.

On connoît la pierre levée des environs de Poitiers.

A Locmariaker où l'on suppose qu'étoit placée l'ancienne ville de Vannes; sur les routes de l'Orient, à Hennebond; de Quimperlé, à Pontscorf; de Pont-l'Abbé à Penmarck; dans la commune de Moëlan; dans celle de Clohar; j'ai vu de ces monumens Druidiques; on en trouve à Belle-Isle; sous un étang aux îles des Glenans.

On en rencontre dans la Hollande, dans la Scandinavie. Kircher en dessine un qu'on voit dans le Japon.

La Génèse parle de ces pierres élevées

comme monumens sous les noms de Galhed et de Galgal.

Les Turcs prétendent posséder le tombeau de Mina mère de Mahomet. « Ce sépulcre est formé de trois grandes pierres, dont deux sont debout, l'autre par-dessus; elles ont treize palmes de large, et vingt-six de hauteur. »

Silvestre Girard en place sur la montagne de Cyllarus, dans l'Irlande.

Le Periple du Pont-Euxin rapporte qu'il s'en trouve à Trapezunte couvertes d'inscriptions barbares. Saxo Grammaticus en indique au sommet des montagnes du Dannemarck.

Selon Strabon, le prétendu temple d'Hercule, à l'extrémité de l'Espagne, n'étoit qu'une réunion de pierres Druidiques.

Montfaucon dit qu'elles sont communes dans la Frise, dans la Westphalie, et dans tous les pays du nord; celles d'Hummeling, dans l'évêché de Munster, peuvent mettre cent moutons à l'abri de la pluie: assure ce célèbre antiquaire.

Près du temple de l'ancienne Cérès chez les Phénéates, étoit un de ces monumens nommé Pétroma, sous lequel on conservoit les rits et détails concernans les grands mystères.

On a pris ces monumens pour des autels, pour des tombeaux. Il m'est bien démontré qu'ils n'ont été placés que pour indiquer le lieu des traités passés dans différentes occasions : c'étoit l'emblême ingénieux et simple de la solidité, de la durée des conventions faites entre deux peuples et de l'union qu'ils contractoient. A leur imitation, les Lacédémoniens consacrent leur *Docana*, pièces de bois liées par une traverse qui presentoient le même emblême. Ils servoient ailleurs à l'exposition des chefs, aux orateurs qui parloient au public, aux envoyés de différens peuples qui traitoient d'affaires politiques, comme à Carnac, comme à Salisbury ; c'étoit le suggestus des Romains fait en pierre de taille dans la colonne Trajanne, mais quelques fois de bois, de pierres accumulées, de gazon même ; Tacite a dit :

Simul congerunt cespites, extruunt tribunal quo magis conspicua sedes foret.

Dion 462, *in tribunal factum ex terra palustri more romano conscendit.*

Les anciens marins disent avoir vu, au large, entre le Guilvinec et Penmarck des pierres Druidiques, à quinze ou vingt pieds de profondeur sous l'eau, tellement vénérées, qu'on disoit la messe dans un bateau au-dessus d'elles une fois chaque année.

Quand les hommes errans sur les différens points de la terre eurent perdu le sens des emblêmes anciens, les traces de respect resté pour eux, dans leur esprit, divinisèrent ces pierres. On leur offroit des sacrifices, on les couvrit de couronnes de fleurs, on versa sur elles de l'huile, des parfums; on adora le dieu Thermes; Jupiter, Cappotas; delà, le Sala-Gramma des Brames; la pierre Salanite; les Betyles; delà, le jurement des Romains sur Jupiter pierre; la pierre de l'Aréopage; l'Alquibile ou l'Algible des Arabes, le Gebul des Hébreux, les Ερμαιοι, les Τετραγωνοι des vieux Grecs; les Colonnes des Macchabées; la pierre de la porte Capene qui produisoit des pluies aussi fécondes à Rome, que celles de la chasse de Sainte-Géneviève, à Paris.

Un fait que je me rappelle, outre l'assertion positive de Diodore de Sicile, confirmera la vérité du sens que je prête à ces monumens. Polybe en décrivant la première alliance des Romains et des Carthaginois dit, qu'ils attestèrent une pierre comme témoin éternel, indestructible de leur alliance, et que se dévouant à la vengeance céleste, ils frappèrent d'un caillou la tête d'un agneau, consentant à périr comme lui, s'ils manquoient au traité qu'ils venoient de jurer etc.

Il ne m'a point paru déplacé dans la Bretagne, couverte de ces emblêmes, d'en désigner le sens avec précision et de rapporter quelques faits, quelques traits qui les concernent dans l'histoire de l'Univers. Pardonnez-moi cet étalage d'érudition; on est forcé de s'en excuser dans ce siècle, comme à la Cour de disserter, comme à Paris d'avoir un caractère, comme d'employer près de certaines femmes le langage de la raison.

Les principaux travaux à faire à Pont-l'Abbé sont: 1°. le pont, qui fait courir aux hommes et aux chevaux les plus grands dangers. Il y passe par jour une cinquantaine de charrettes ; les accidens y sont fréquens.

2°. Le passage de Pen-à-Hap qu'il est nécessaire d'élargir, en prenant sur le cimetière.

3°. Le quai qu'on délaisse faute d'ouvriers ; on desireroit qu'on y joignit des calles, il ne s'en trouve point dans le plan présenté : une d'elles devroit être placée au midi, l'autre au levant pour le carenage.

Le quai commencé doit avoir quatre-vingt-dix toises ; il y en a vingt-huit de faites.

4°. Nétoyer le port jusqu'à Rosquerneau ; des bâtimens de cent-cinquante tonneaux pourroient alors remonter jusqu'au quai. Dans le tems des Equinoxes, la mer monte dans le port à treize et quatorze pieds.

5°. Faire sauter la pointe de l'île Garro qui gêne la navigation.

6°. Réparer les ponts de Nignon, de Kereon, de Saint-Parre, pour établir une communication si nécessaire entre Penmarck, Kerity, Pont-l'Abbé, Quimper, etc. Les chemins qui mènent à cette côte sont les plus mauvais de la Bretagne. J'atteste avoir passé plus de cent marres en m'y rendant, dans lesquelles mon cheval s'est mis quatre fois à la nage; ces routes n'ont pas la largeur nécessaire pour que deux charrettes puissent s'y croiser, et les charrois sont jour et nuit en activité.

7°. Il est urgent de faire une digue à Naotven, pour s'opposer aux progrès des sables qui couvriront bientôt des terres fécondes de cette commune.

J'avois attendu le moment d'une tempête pour me rendre à Penmarck, je fus bien servi par les élémens; la mer étoit dans un tel état de fureur, que les habitans du pays, accoutumés à ce spectacle, quittoient leurs travaux pour la contempler.

Tout ce que j'ai vu dans de longs voyages, tout ce que j'ai décrit dans ce mémoire, la mer brisant sur les rochers d'Altavelle et les côtes de Fer à Saint-Domingue, les longues lames du détroit de Gilbraltar; une tempête qui combla sous mes yeux le port de Douvre, en 1787; la Méditerrannée près d'Amalphi, rien ne m'a donné l'idée de l'Océan frappant les rochers de Penmarck.

Ces rochers noirs et séparés se prolongent jusqu'aux bornes de l'horison ; d'épais nuages de vapeurs roulent en tourbillon, le ciel et la mer se confondent. Vous n'appercevrez dans un sombre brouillard, que d'énormes globes d'écume ; ils s'élèvent, se brisent, bondissent dans les airs avec un bruit épouvantable ; on croit sentir trembler la terre. Vous fuyez machinalement ; un étourdissement, une frayeur, un saisissement inexplicable s'emparent de toutes vos facultés, les flots amoncelés menacent de tout engloutir ; vous n'êtes rassuré qu'en les voyant glisser sur le rivage et mourir à vos pieds ; soumis aux lois de la nature et de l'invincible nécessité.

La torche de Penmarck est un rocher séparé de la terre par un espace qu'on nomme le Saut-du-Moine ; la mer s'y précipite avec fureur : on lui prête le bruit qui retentit au loin dans la campagne, quoiqu'il soit produit par les cent mille obstacles que l'Océan trouve sur ces parages.

J'ai parlé des ruines de Penmarck, elles

annoncent une très-grande population; elles sont pour les habitans du pays les ruines de la ville d'Is. On sait qu'on y faisoit un immense commerce de salaison.

Sans l'honnête curé de ce canton, je serois mort de froid et de faim dans ce pays sauvage et dépouillé. Le bon pasteur me servit une poularde au ris, une poularde fricassée, une poularde grasse à la broche et me donna, s'excusant de sa pauvreté, du plus délicieux vin de Ségur trouvé sur le rivage et troqué par les paysans contre quelques bouteilles de mauvais cidre.

Béni soit le vénérable curé qui me sauva la vie, c'est un fort galant homme aimé de ses paroissiens, aussi tout abonde chez lui; il lui manque du drap. Sa soutanne étoit composée de cinq-cents pièces de teintes différentes.

On construit un phare à Penmarck, il n'en est point de plus nécessaire aux marins. Les vents du sud-ouest y dominent; ils sont si violens que le jour où je m'y trouvai, les vapeurs, l'écume qu'ils portoient, se répandoient jusqu'à St.-Pierre, et déroboient aux yeux et le phare, et la tour quarrée, etc. etc.

Quelques jours après ce voyage à Penmarck, je me rendis à Concarneau.

L'îlot sur lequel est établi la ville, n'a que quatre-cents pas de longueur sur cent vingt de large. Il est environné de fortifications, de murs épais, d'une redoute construite, dit-on, par la reine Anne. A mer basse, on peut en approcher du côté de l'ouest; on s'y rend en traversant le Chenal de l'est, au moyen d'un bacq souvent entraîné par les courans. On porte à quarante mille francs la dépense nécessaire pour établir un pont sur la rivière Moreau, près de Bégalano ; ce travail nécessiteroit l'établissement d'une route d'un quart de lieue ; de Concarneau, jusqu'au pont de Minaouet.

Les collines voisines dominent Concarneau; avant l'invention du canon, cette place ne pouvoit être enlevée que par surprise. On en répara les fortifications très-anciennes, elles me paroissent ainsi que la belle citerne, dont j'ai parlé dans mon compte rendu sur l'état des monumens du

Finistère, du même architecte que le château de Rustéphan.

Le port a cent toises de large et deux cents soixante de long, le mouillage en est bon mais difficile pour les navigateurs étrangers qui ne connoissent pas les roches de Penro, elles ne sont couvertes que de quatre à cinq pieds d'eau dans la plaine mer; la plus élevée qu'on apelle roche Platte est la plus dangereuse : on pourroit aisément la faire sauter. Le port peut contenir trois cents barques, quelques bâtimens de cinq à six cents tonneaux. Les grosses frégates ne pourroient mouiller qu'au-dessus de la roche Penro.

On devroit terminer les quais de Concarneau ; faute de calle les matelots sont obligés de se jetter à l'eau, pour débarquer leur poisson.

Les frégates les plus fortes pouvoient s'y retirer : il y a trente ans que les sables apportés par la rivière de Moreau, encombrent le bassin. On ne peut le curer qu'à l'aide de machines.

Vingt-quatre mille francs suffiroient aux dépenses essentielles de ce port.

Jadis une tour de la commune de Beuzec servoit de remarque aux marins, le tonnerre l'a renversée, elle n'est pas relevée; on en desire la reconstruction.

Tous les pavés de la ville, même de l'île, sont à rétablir ; dans les grandes marées il y a jusqu'à trois pieds d'eau dans la rue principale.

Il seroit à souhaiter qu'on fit quelque plantation sur le quai de cette commune.

Le commerce de Concarneau occupe environ trois cents bâtimens à la pêche de la sardine; on en prend année commune de douze à quinze mille barils, et jusqu'à trente mille dans les années abondantes, sans y comprendre sept à huit mille barils de sardines anchoités. Les chasse-marée de la côte de Vannes en enlèvent une égale quantité pour les porter à Nantes, à la Rochelle, à Bordeaux ; des chevaux en transportent dans l'intérieur des terres ; c'est une manne inappréciable dont les produits peuvent quadrupler : elle procure une nourriture abondante, substantielle, agréable, aux habitans les plus pauvres de la campagne.

Dans

Dans le printems, on fait ici la pêche du merlu, on le prend la nuit à la ligne. Cet animal, desséché, salé, se conserve comme la morue, dont il a le goût et la délicatesse.

Toute espèce de pêche se pratique d'ailleurs dans ces parages, plus de quatre-vingt bâtimens de Concarneau parcourent habituellement la côte et les Glénans, où le poisson est délicieux, et dans une grande abondance.

La ville est située de manière à pouvoir s'adonner à toute espèce de commerce. On n'y trouve d'autres établissemens que des presses à sardines.

Le pays est entouré de bois, mais les réquisitions, les désordres de l'administration des bois et forêts, les commissaires envoyés par la marine, nuisent tellement à leur circulation, que la municipalité ne peut elle-même s'en procurer. Tous les bois de Fouénan et des cantons environnans s'embarquent dans l'anse de la forêt pour Grois, Belle-Isle, etc. Cette baye de la forêt est vaste et belle. On prétend que les eaux qui la forment ont noyé de grande arbres, dont les troncs s'apperçoivent encore en marée basse. L'aspect de ce bassin est imposant, l'œil est conduit en suivant le rivage jusqu'aux Glénans, petit archipel détaché de la grande terre, qu'on apperçoit dans le lointain.

La baye de la forêt fournit une prodigieuse quantité de gibier de mer, canards, barnaches, penru, cannes royales, judeles, oies sauvages, macreuses, plongeons, goélans, bécasses de mer, hérons, cormorans, etc.

Il y a peu de coquilles sur ces rives; on en cueille de curieuses aux Glénans, les rochers sont de granit. Sur la route de Rosposden, à une demi-lieue de Concarneau, on trouve une belle aggrégation de pierres schisteuses et de quartz, propre à l'architecture.

Les côtes sont plattes, en général, moins garnies de rochers que dans le reste du Finistère, la mer y bat avec moins de fureur, ses progrès dans les terres sont manifestes. Une plage sur laquelle on dansoit, il y a quarante ans, à toutes les nôces d'artisans, n'offre à l'œil que des rochers et des brisans. Les terreins qui dominent le rivage sont très féconds, ils produisent quelques cidres et peu de légumes ; la baye de la forêt (sur un fond de sable) pourroit mettre une escadre en sûreté.

La tradition rapporte qu'on alloit jadis à pied sec, de la pointe de Bemeil à l'île-aux-Moutons, une des îles des Glénans séparée presentement par une grande lieue de mer, et par une profondeur de treize brasses d'eau.

Le climat de ces contrées est tempéré, mais venteux, pluvieux et variable.

On manque de moulins dans les environs de Concarneau.

Il existe un seul moulin à eau dans la commune de Trégunc ; les meuniers, de dix lieues à la ronde, apportoient jadis des farines à Concarneau ; cette dernière commune ne renferme point de terres cultivées ; elle est nourrie par Trégunc où toutes les espèces de grains réussissent, le reste du canton ne produit que peu de froment, point de miel et point d'orge.

On sera surpris de ne trouver dans une ville de guerre, ni pompe à feu, ni sceaux pour les incendies, et dans un port de mer qui donne quatre cents hommes à la marine actuelle, ni maître de mathématique, ni maître d'hydrographie.

Le citoyen Laporte, chirurgien, homme de mérite, désireroit qu'on lui donnât le jardin de l'hôpital, pour élever quelques plantes médicinales, cet hôpital, petit, est en mauvais état ; il n'est garni que de sept ou huit lits. Si quelque militaire tombe malade, on est contraint, au péril de sa vie, de le transporter à Quimper.

Point de fontaine dans Concarneau, même dans les fauxbourgs ; on fait une lieue pour trouver une eau saumatre, mélangée d'eau de mer dans les grandes marées. Sous la place même, il existe des sources de quatre pieds de profondeur ; on n'a pas encore eu l'industrie d'en tirer parti, d'y creuser un bassin, de le remplir au moyen d'une pompe. Les marins trempent leurs barils dans la fontaine unique de St.-Jacques ; les écailles de poisson, le sang, la rogue s'y mélangent. Avec quelque soin et peu de dépenses, on pourroit se procurer une fontaine, un lavoir, un abreuvoir dont il est impossible de se passer. Les chevaux périssent ici par la petite quantité, par les mauvaises qualités des eaux.

La prison a besoin de réparation ; croiroit-on qu'une ville murée soit sans casernes ; le cimetière est dans l'intérieur de cette petite commune. On y trouve au moins un honnête instituteur, le citoyen Bailleux, mais pas d'institutrice, quoiqu'on put lui fournir plus de cent vingt élèves.

Le peuple de ces cantons est gai, ses mœurs sont douces, il a le sang très-beau et le tempéramment robuste.

Kunc fut l'ancien nom de Concarneau ; les premiers tems de son histoire sont ignorés ; en 1373, le conétable Duguesclin s'en empara. La garnison fut passée au fil de l'épée.

En 1489, le vicomte de Rohan assiégea cette ville, elle ne tarda pas à capituler ; elle fut donnée au duc de Mercœur en 1585 ; elle avoit été surprise le 17 janvier 1576, par trente gentilshommes du pays qui professoient la religion réformée, ligués avec les protestans de la Rochelle. Deux heures après elle fut investie par huit mille hommes, on eût eu peine à les forcer sans Charles-le-Bois, marchand de Quimper, qui poignarda dans son lit le sr. de Kermahouet, saisit les clefs qu'il avoit autour des bras, et fut ouvrir les portes de la ville. Les calvinistes furent tous égorgés.

On a prétendu qu'autre fois le jour de la Fête-Dieu, pendant la procession du Saint-Sacrement, autour de Concarneau, la mer se retiroit pour lui faire place, s'il arrivoit qu'elle fut pleine au moment où cet acte pieux s'exécutoit. Ce fait est imprimé dans la Géographie de Philippe-le-Briel, t. 1. Il cite un procès-verbal fait à l'occasion de ce miracle, par un évêque de Quimper.

Le citoyen le Beau, résidant à Concarneau, a fait des recherches sur l'histoire de Bretagne, il place dans le deuxième siècle des Pictes sur les rochers sauvages de la ville qu'il habite ; il seroit curieux de lire ses observations, de connoître sur-tout les sources dans lesquelles il a puisé ce fait particulier, original. Sans doute, à toutes les époques, les marins des côtes de Bretagne, du monde entier, ont marqué leurs peaux de quelques caractères ; j'ai vu sur le poignet et sur le sein de quelques gens de mer, des triangles, le pentalpha, les images du soleil et de la lune, l'étoile du matin, la croix, etc. etc. Mais des Pictes semblables à ceux de l'île de Bretagne, venus de ce pays, établis à Concarneau ou naturels du pays à cette époque; c'est un point d'histoire aussi curieux qu'inconnu aux plus patiens scrutateurs des faits du moyen âge. J'invite le citoyen le Beau à donner les notes qu'il ma promises sur ce fait, à la réalité duquel mes lecteurs auront peut-être la témérité de ne pas croire avant d'avoir examiné ses preuves.

Les îles des Glénans sont à trois lieues et demie de la pointe de Trevignon, à quatre lieues et demie du fond de la rade de la forêt et de la pointe de Penmarck : elles sont au nombre de neuf; les autres ne sont que des rochers.

La plus voisine de Concarneau, à quatre lieues de cette ville, s'appelle Penfret. Sa circonférence est de trois quarts de lieue, sa longueur d'un quart de lieue, sa plus grande largeur de quatre à cinq cents pas. Au milieu de cette île est un puits d'eau douce, on y compte quatre anses ; la meilleure est celle de Porniqueul dont le mouillage est bon sur un fond d'herbe et de vase. — Les bateaux y sont en sûreté dans les beaux tems, mais elle est dangereuse dans les coups de vents : elle est située dans le nord-ouest.

L'île Guyotec est à quatre cents pas de Penfret ; on peut y mettre des bestiaux : elle n'a point d'anses où les bateaux puissent être à l'abri des orages.

L'île Guinenek a cent cinquante pas de circonférence ; elle est à douze cents pas de Guyotec, et n'est d'aucun rapport.

L'île du Lock est une des plus grande des Glénans, elle contient un étang de deux cents pas de long sur cent cinquante de large, dont les eaux sont saumatres. Sa circonférence est d'une demi lieue : elle est située dans l'est, sud-ouest de l'île de Penfret.

L'île Drenec a tout au plus quatre cents pas de long.

L'île Saint-Nicolas n'est séparée de la précédente que par un espace de deux cent cinquante pas. Sa circonférence est d'une demi lieue, elle a quatre cents pas dans sa plus grande largeur; on y trouve encore quelques vestiges d'habitations, entr'autre un puits d'eau douce assez bonne. Cette île sert de mouillage et de lieu de repos à tous les pêcheurs des Glénans; elle peut être cultivée; ses terres porteroient de beaux grains et d'excellens légumes. Pendant la dernière guerre, des corsaires, espèces de forbans, s'y réfugièrent.

L'île de la Cicogne sépare les Glénans en deux parties égales; elle les domine : on l'apelle la Châmbre ou le Havre. Le lieu du mouillage peut avoir huit cents pas de long sur quatre cents de large; le fort construit sur cette île bat toutes les entrées de la passe du nord qu'on nomme Minangroëze; celle de l'est appellée Pennamine, la passe de l'ouest dit Beguellech, toutes celles enfin qui permettroient à des corsaires d'aborder cet archipel et de s'en emparer; il est défendu par cinquante hommes de garnison.

Toutes ces îles sont environnées de rochers dangereux; elles ne peuvent être pratiquées que par des pilotes du pays....

Le citoyen K.... propriétaire des Glénans, pourroit en tems de paix en tirer un grand parti, il se contente d'y élever quelques bestiaux et d'y faire faire de la soude; de grands troupeaux s'y nouriroient. On y pourroit établir des presses et des magasins, saler, sècher une prodigieuse quantité de poissons, récolter les plus beaux fromens, cultiver les meilleurs légumes; l'asperge y croît spontanément, une multitude de lapins vivoient sur ces îles, il n'y a pas trente ans; on en trouve, mais en moins grande quantité. La canne royale, le plus bel oiseau de l'Europe paroît naturel à ces îles.

Elles furent habitées jadis; des marins attestent avoir vu à une demi lieue dans l'ouest de l'île-aux-Moutons un mur, une grande voute faite de main d'homme à 26 pieds de profondeur sous l'eau, on ne les apperçoit que dans les plus grands calmes. Dans l'étang de l'île du Lock ils ont vu des pierres Druidiques; à quelle antiquité incommensurable, ces monumens de la Bretagne ne transportent-ils pas notre imagination, ils précèdent les plus grandes révolutions du globe ; on se souvient des déluges de Deucalion, d'Ogygès, de l'époque où l'Océan communiquoit par l'Isthme de Suez à la Méditerrannée, de celle où les eaux de la mer Noire, de la mer Caspienne réunies noyoient toute la Tartarie ; et l'époque des immenses révolutions de nos rivages disparoît dans la nuit des tems ; elles sont là, comme témoins de l'éternelle durée de notre globe ; et quand par des calculs aussi certains que ceux du chanoine Récupero sur les irruptions du Vésuve, nous essayons de les fixer, une série de chiffres incalculables nous fait abandonner la plume. C'est compter les grains de sable du rivage, et les gouttes d'eau de l'Océan.

Une grande route en bon état, mais montueuse, conduit de Concarneau à Quimper. Je quitte cette dernière commune avec regret, j'en aime le séjour, j'en aime les habitans. J'ai des preuves irréfutables de la bonté, de la douceur, du caractère de ce bon peuple. Quand les malheureux fugitifs du 31 mai se répandirent dans les départemens, poursuivis, rebutés, trahis ; ils ne trouvèrent de retraite que dans le Finistère, qu'à Quimper ; on les reçut, on les logea, on les servit avec délicatesse. J'ai vu le trou de Louvet, à Penhars, j'ai vu la maison qu'habitoit Barbaroux, il y fut attaqué de la petite vérole ; pour comble d'infortune et de danger le feu prit à cette maison ; sans le courage, l'activité et le zèle de quelques braves il devenoit la proie des flammes ou des bourreaux qui le cherchoient. Nos infortunés députés trouvèrent là des amis assez courageux pour leur offrir un bâtiment, pour les porter au sein de leur patrie ingrate ; ils y périrent en régrettant et les généreux habitans de Quimper, et les hommes du Finistère.

DISTRICT DE QUIMPERLÉ.

Avant la révolution, la ville de Quimperlé étoit une des plus tranquille, des plus heureuse de la France ; après une vie bruyante, agitée ; après de longs voyages en Chine, au Bengale, aux Manilles, quand les nerfs étoient dessèchés par les chaleurs de l'Indoustan, de l'Amérique ou de l'Afrique, que de navigateurs se retiroient à Quimperlé ! le sang s'y purifioit au milieu des bois, des forêts, des bosquets qui l'entourent ; les chagrins étoient dissipés par une société douce, aimable ; un médiocre revenu y faisoit vivre dans l'aisance. La chasse, la pêche, des promenades variées, pittoresques, la chère la plus délicate et le repos le plus parfait faisoient passer des jours heureux, à l'homme assez sage, pour préférer à l'éclat, au mouvement des grandes villes, le calme d'une vie paisible, l'air pur des bois et des rivières, des plaisirs près de la nature ; on s'y réfugioit enfin comme en Tourraine : c'étoit un port paisible et sûr, à la suite des tempêtes et des naufrages de la jeunesse.

Cette ville fut établie comme Quimper, comme Lyon au confluent de deux rivières; leurs noms loin d'avoir la rudesse qu'on prête à la langue des Bretons, le disputeroient dans les chants poétiques aux noms les plus harmonieux de la Grèce et de la Lydie ; l'une est l'Ellé, l'autre l'Isole ; l'une

Je sens qu'aigris par le malheur, ne connoissant que leur propre infortune, ils se plaignent amèrement des duretés qu'ils essuyèrent ; il est réel pourtant que dans le Finistère, que dans le reste de la France, il n'est pas une commune où leur traitement ait été plus doux. Je n'excuse point ici quelques individus coupables des vociférations, d'insultes, de désordres ; mais, je le répète, ils ont eu fort peu d'influence ; et quand il fut permis d'user de représailles, d'incarcérer et de poursuivre des êtres immoraux renversés par le 9 thermidor, pas un d'eux ne fut attaqué, poursuivi, recherché ; on sçut leur pardonner avec cette générosité, cette modération que caractérisa dans tous les tems les habitans de Quimperlé ; d'autres bouleversemens, peut être, succèderont à ceux qui viennent de cesser. Des factieux, des furieux, essaieront long-tems de renverser la France, d'y troubler le gouvernement. Puisse l'expérience et la raison maintenir la paix dans cette petite commune ; elle démontrera qu'un bon esprit, que l'union, que la fraternité ont une force indestructible.

En

En huit cent dix-huit, l'armée de Charlemagne campa sur les bords de l'Ellé.

Quimperlé se nomma d'abord Avantôt; en 1029, Alain Caignard et Orscand, évêques de Cornouaille, rétablirent en faveur de l'ordre de Saint-Benoist, le couvent de Sainte-Croix. Alain Caignard mourut dans cette commune en 1558, il fut inhumé dans le chapitre du Monastère qu'il avoit établi.

Le confluent de l'Isole et d'Ellé avoit été dès 568, consacré par Guereckh, comte de Vannes. Alain Caignard fit présent à ses moines des îles de Guédel, de Belle-Isles, et de terres considérables; j'ai vu briser avec regret la statue de ce fondateur conservée jusqu'au moment où la révolution établit des salpêtreries, dans presque toutes les communes, au détriment des monumens des arts.

A la fin du treizième siècle, la duchesse Blanche fit venir des Dominicains à Quimperlé : c'est le second établissement de cet ordre en Bretagne; le premier s'étoit fait à Dinan. On travailloit alors à placer partout ces furieux stupides qui devoient servir le plan de monarchie universelle, couçu par les pontifes romains, et l'inquisition, qui par miracle, ne put germer sur le sol de la France.

Le comte de Montfort mourut en 1345, et fut enterré sous le grand autel des Jacobins : on lisoit il y a peu de tems son épitaphe au-dessus de la chapelle de Saint-Hyacinthe :

Longa sub armoricis, blaeso civilia signis,
Longa comes janus ferro Mont fortius infert
Ut Britones quaerat, tantis est invida cœptis
Jussit abire prius mors, nil minus inclita bello
Uxor cum nato rem perficit ossa que chari hic
Conjugis, ad medium majoris collocat arae.

En mille trois cent quarante-deux, après la levée du siège d'Hennebond par Charles de Blois, Louis d'Espagne entra dans la rivière de Quimperlé suivi d'une flotte considérable; il débarqua près de six mille hommes qui furent détruits par Gauthier de Mauny. Louis d'Espagne avec trois cents hommes qu'il put à peine rassembler, se réfugia dans la Vilaine.

En 1373, Quimperlé fut canonné, fut pris par Olivier de Clisson ; Jean de Ros, écuyer anglais qui commandoit dans cette ville, y reçut la mort.

Cette cité gardée par le duc de Mercœur fut attaquée par les troupes du Roi en mille cinq cents, on en fit sauter les portes, la ville et l'abbaye furent pillées ; ses murailles furent démolies en mille six cent quatre-vingt. Les matériaux qu'on en tira servirent à la construction des quais.

Jean-Jacques Ulric, Englier, originaire de Saint-Gal en Suisse, vint s'y fixer en mille sept cent quatre-vingt-trois. Il y commença le bel établissement d'une tannerie que le citoyen Billette conduit avec tant de succès. Cette belle manufacture située sur la partie la plus élevée de la ville occupe la pente d'une montagne, elle a rendu les plus grands services à nos troupes dans les momens de pénurie qu'elles éprouvèrent dans l'an III, elle continue ses fournitures et mérite du gouvernement toute espèce de secours et d'encouragement.

La tannerie du citoyen J.... n'est pas aussi considérable, mais elle est établie depuis fort peu de tems.

Une multitude de tanneurs se sont placés sur les rives des deux rivières si commodément situées pour leurs travaux.

Le citoyen Georget acquéreur de la terre du G....C...., forme à deux portées de fusil de Quimperlé, une manufacture de papier. C'est un homme ingénieux, plein de courage.

Le commerce de grain étoit le principal commerce de Quimperlé, avant la révolution; Brest et l'Orient enlevent ces denrées. Les négocians n'ont de ressource que dans les coupes réglées des forêts de Carnoet, de Coatloch, et de Cascadec qu'ils font exploiter; on y fabrique une grande quantité de sabots.

Des bâtimens de cinquante tonneaux pénètrent dans l'intérieur de la ville et déchargent leurs marchandises sur le quai, large et très-commode, bordé de magasins et de jolies maisons.

Le port s'encombre au confluent des deux rivières, il seroit nécessaire de le curer, d'achever la construction des quais, d'y joindre quelques calles, d'entretenir dans le canton des chevaux de traits pour servir les travaux publics. L'ingénieur Detaille porte à vingt mille francs les dépenses d'urgence à faire dans cette commune.

La grande et belle place où s'exercent les troupes en face de l'ancien couvent, batiment vaste, commode, imposant, qui sert actuellement aux corps constitués ; la place, dis-je, n'est pas finie, il faudroit pour quelle eut la régularité qu'on projète de lui donner, qu'on relevât les terres d'un jardin détruit; il faudroit combler un des angles et terminer le parapet.

Dominé par de hautes montagnes et dans un fond, Quimperlé ne pourroit résister à l'ennemi que par le courage de ses habitans. Cette ville fut fortifiée jadis, elle ne l'est plus ; ses remparts sont Quimper et l'Orient dont les braves, dans toutes les allarmes de la révolution, sont accourus pour la défendre. Une forte garnison la protège.

Soumise aux loix, Quimperlé fit à toutes les époques les plus généreux sacrifices à la patrie, habillement, vivres, souliers, elle fit tout partir en poste pour notre armée près de Grandville. Ses pères de familles ont trois fois combattu dans le Morbihan. A l'époque où l'anglais déposa sur la côte quelques émigrés et deux ou trois mille paysans, le général Rey, les fit marcher au nombre de quatre-vingt sur cette armée maîtresse de Pontaven, ils l'attaquèrent sous les yeux de trois représentans du peuple et rentrèrent dans leurs foyers sans être poursuivi par l'ennemi qui se croyoit trahi, jamais il n'eut pu soupçonner qu'une poignée d'hommes osât le combattre, lui porter les premiers coups. Il se retira convaincu qu'on vouloit l'attirer dans une embuscade.

A cette époque on doit rendre justice au calme, au dévouement, au sang froid des autorités constituées; la ville étoit déserte, pas un homme ne la défendoit. On vint annoncer que l'ennemi marchoit sur Quimperlé, qu'il n'étoit pas à trois quarts de lieue de la ville, pas un mouvement de foiblesse ne se manifesta, le service se fit avec exactitude; pas un individu ne proposa de se retirer; on attendit dans le silence, le résultat funeste d'une attaque à laquelle on ne pouvoit rien opposer.

Dans cette cruelle incertitude au moment où l'on supposoit les chouans à quelques pas de la cité, on vit paroître le général Meunier, il étoit à la tête de douze cents hommes, il arrivoit de Quiberon dont il commandoit la réserve.

Voilà Meunier, fut le cri général, il rétablit la confiance. Si comme dans les jours de la chevalerie on adoptoit une devise : voilà Meunier, seroit celle de ce brave, de cet aimable général, qui réunit à toutes les connoissances de la tactique, l'expérience du tems, de longs services, et la modestie qui malheureusement ne se fait point assez valoir pour obtenir les premières places.

Si le Finistère ne devint pas la proie de l'Angleterre et des chouans, personne n'y contribua plus activement que Meunier.

Quimperlé par sa position est une des clefs du Finistère; elle s'est opposée par ses principes, par sa fermeté aux progrès du Chouanisme; il n'est point de raisonnemens sages qu'elle n'ait employés pour empêcher les cultivateurs qui l'entourent de se laisser entraîner au torrent qui perdit la Vendée et qui, peut être encore, va dévouer aux flammes tout ce malheureux Morbihan.

On leur disait ; que peuvent espérer les chefs qui dirigent cette multitude de paysans égarés, mal armés ; se flattent-ils de faire la conquête de la France ; ou, le seul esprit de vengeance les porte-t-il à tant d'assassinats? Que leur a fait ce malheureux manœuvre accablé sous le poids de ses travaux et de son existence, il meurt percé de coups parce qu'il porte à son chapeau une cocarde aux trois couleurs ; ce bon marchand, père de six enfans, qui vaque à ses affaires, tombe au milieu d'un grand chemin : que pouvoit-il, qu'a-t-il fait ; il s'est soumis à la volonté du plus fort. Jamais s'est-il permis d'avoir une opinion politique ; et ce curé pauvre, simple, mourant de faim, quel est son crime ; il a voulu conserver son état, il s'est soumis aux loix de son pays; est-ce à tant de membres passifs, à tant d'individus sans caractère, sans moyens qu'il faut s'en prendre des maux de la révolution ; si c'est à ses auteurs, donnez la mort à tous les philosophes, à tous les parlemens, à tous les grands révoltés de l'orgueil de la cour, ils ont porté les premiers coups.

Quel gentilhomme, armé présentement contre la France n'a pas tonné jadis contre la ligne de démarcation qui le séparoit de la maison royale s'il étoit présenté ; de la cour, des faveurs, s'il ne montoit pas dans les carrosses ; des hauts grades, s'il n'étoit pas né courtisan ; eh bien, ces déclamations, ces cris ont fait la révolution.

Quel est le prêtre révolté qui n'a pas attaqué l'insolence et la morgue de son évêque : ce prêtre a renversé l'autel, il a fait la révolution.

L'homme à jamais chassé de sa patrie, dépouillé de ses biens, persécuté dans ses enfans, dans sa famille, est malheureux sans doute ; mais a-t-il desiré, servi, sollicité la guerre épouvantable des puissances coalisées ou la guerre de l'intérieur : il a versé le sang de douze cent mille hommes, il a fait la révolution. Un monstre seul pourroit ne pas gémir jusqu'au dernier jour de sa vie, sur les crimes qui l'ont souillée. Mais l'être impartial et juste, ami de ses semblables, fait des vœux pour que le gouvernement actuel se maintienne ; quels inconvéniens peut-il offrir qui compensent les malheurs d'une seconde, d'une troisième, des cent révolutions qui se succéderoient en France, si celle-ci ne s'éternisoit pas, si pendant des siècles elle ne travailloit à réparer ses torts envers l'humanité.

Transportez tout armés, les Bourbons sur le trône, où sont les millions qui pouvoient les servir, et l'onction qui les diviniseroit ? la jalouse et superbe maison d'Autriche leur fourniroit-elle les moyens de balancer la prépondérance qu'elle a voulu de tout tems obtenir sur les puissances de l'Europe ?

Laissez envahir par l'étranger le riche territoire de la France, on se partagera ces belles contrées comme on s'est partagé la Pologne, et notre pays malheureux, soumis au gouvernement féodal, le théâtre éternel des guerres de ses nouveaux maîtres sera de nouveau teint de sang.

Dispersez tous membres de la législature actuelle, que de nouveaux élus, de nouveaux constituans se réunissent, et vous livrez la France à de nouvelles, à d'éternelles divisions.

Voulez-vous adopter le gouvernement de l'Amérique septentrionale ? nos provinces si différentes de températures et d'habitans ne formeront jamais un tout, une indivisible unité; bientôt la cruelle anarchie, des guerres interminables nous conduiront à la mort politique, à l'anéantissement qui nous menace.

Il n'est de salut pour la France que dans le gouvernement adopté par les dernières assemblées du peuple, ses taches disparoîtront, ses finances se rétabliront, ses manufactures se relèveront à la longue comme après les folies de Louis XIV, comme après les désordres du systême.... Nous aurons un gouvernement enfin. — Je le répète, tout est perdu si l'ordre actuel ne peut se consolider; la France est dans l'état d'un malade, qui ne peut supporter que l'émétique qu'il a pris, et qui va mourir de foiblesse s'il lui faut un nouveau remède.

Mais ces émigrés qu'une erreur a rendu coupable, qu'une vanité, que des préjugés inculqués dès l'enfance, avant qu'ils pussent s'en méfier ont égarés; l'être foible, effrayé, timide, qui cherchoit le repos dans des jours de fureurs, et qui n'a point tourné ses armes contre le sein de sa patrie.....

Hélas, il n'est pas plus facile à l'homme de faire le bien absolu, qu'à la puissance qui meut cet Univers : il est affreux d'avoir à prononcer entre l'infortuné qui souffre et la nécessité cruelle.

A l'époque du terrorisme, Quimperlé fut visité comme les autres villes par quelques délégués des représentans en mission, ils y déclamèrent en jurant dans l'éloquent style du père Duchêne, ils incarcérèrent les deux O.... enlevèrent les vases sacrés des communes rurales, abattirent le clocher, couvert de plomb, de Saint-Michel qui pyramidoit si pittoresquement dans les jolies paysages des environs ; ils se bornèrent à ces exécutions, et firent moins de mal que leurs collègues, plusieurs d'entr'eux cédoient à la peur du moment et pleins d'humanité, crioient, tonnoient pour paroître au niveau du jour.

On a dans vingt pamphlets déclamé contre le ton grossier de cette nuée de délégués épars dans toutes les contrées de la France; je ne connois pas de fait qui les peigne comme celui-ci ; j'étois president du district, un homme que je voyois fort souvent à Paris, ruiné par les bouleversemens de la révolution, forcé pour vivre de faire les fonctions d'inspecteur des fourrages, vint me trouver sans savoir que les causes qui l'obligeoient à voyager m'avoient confiné dans cette petite ville, nous nous reconnûmes. Ses affaires terminées au district, il se leva, salua gravement le conseil et lui dit : « citoyens, quoique dans cette longue séance je n'ai prononcé ni b.... ni f.... veuillez bien me considérer comme un excellent patriote, » vous avez dû remarquer lui dis-je, le ton qui règne parmi nous, nous n'en sommes pas encore au tutoiement civique, loin d'arriver aux mots dont vous parlez. — « J'étois hier, ajoute notre inspecteur, dans un district du Morbihan, le président, suivi du Directoire, en grand costume, m'accompagna jusqu'au bas de l'escalier, et là, après trois profondes révérences, il me dit d'un ton grave et mesuré : « Citoyen, nous sommes d'autant plus satisfaits de vous avoir vu parmi nous, que quoiqu'il y ait déjà deux heures que vous y soyez, vous ne nous avez pas encore envoyé faire f.... »

Quel trait fait mieux connoître l'avilissement des corps constitués, à cette époque.

Un délégué écrivoit au district de.... « Eh bien, jean f.... aurons-nous du grain. »

Jours de fureur, d'ignorance, d'imbécillité, de brutalité, puissiez-vous ne vous remontrer sur aucun point de l'Univers !

Je passe à la description de la ville de Quimperlé, elle est comme je l'ai dit, entourée de montagnes élevées ; la partie de Saint Michel dominée par une église gothique, par le couvent des Ursulines, par le couvent des Capucins, couverte de maisons, de jardins, de vergers, est de l'aspect le plus riant et le plus riche ; c'est un mélange heureux d'architecture, d'arbres, de cerisiers et de pommiers fleuris, de ces longs peupliers balancés par les vents et de clochers se détachant sur la voute azurée du Ciel. Au pied de cette montagne coulent les deux rivières qui se mêlent. — Au bout du quai, l'on a planté deux allées d'arbres qui conduisent au bois de l'abbaye, les rochers placés sur la droite sont massifs et bien colorés, le jardin en terrasses des Jacobins, les eaux, les collines de Penerven, quelques prairies, un petit promontoire orné d'arbres et de verdure, et quelques bâtimens à l'ancre, embellissent ce paysage.

En arrivant par la grande route de l'Orient et de Hennebond, on traverse le bourg Neuf, dont les courtils, dont les jardins donnent aussi sur la rivière.... On passe le pont des Jacobins, l'Ellé et le grand bâtiment des ci-devant Bénédictins, la tour quarrée qui surmonte la grande Place, un beau moulin, un angle du grand chemin de Quimper, les premières maisons de la ville sont les objets qui frappent votre vue dans cette direction ; en laissant l'abbaye sur la droite, vous traversez la rue à l'Herbe mal pavée, mal bâtie, mal conduite, vous arrivez à la ci-devant rue du château, présentement nommée de l'Egalité; elle est large, grande, bien percée ; ses principaux édifices sont la prison, le tribunal, l'église de Saint-Colomban ; un des portails de l'abbaye qui la termine à l'Orient, une partie des maisons qui la forment sont grandes, belles, bien bâties, beaucoup d'entre elles sont un mélange de bois, de mortiers et de pierres brisées à la manière antique, elles nuisent à la régularité qu'on desire dans une aussi belle rue, mais elles détruisent une uniformité toujours ennuyeuse; on ne connoît l'agrément de ces habitations qu'en y pénétrant; toutes donnent sur la rivière, d'un côté sur l'Ellé, de l'autre sur l'Isole. — De jolis jardins, fermés de murs, et soutenus par par des terrasses; les collines qui bornent la vue du Combout, les rochers, les landes sauvages qui les surmontent, les riantes prairies du Cosquer, des eaux, des bois et des landes dorées, décorés de quelques villages, sont les différens points que diverses positions vous présentent; on peut se reposer au frais dans des tourelles de laurier, de filaria, de jasmin, prendre des bains d'une eau limpide et pure, jouir des plaisirs de la pêche, et sans sortir de son jardin et de sa basse-cour; garnir sa table de saumon, de truites, d'excellentes lamproies, de belles anguilles, de colvers, de toute espèce de volaille, de fleurs, de fruits et de légumes inachetés.

Le reste de la ville est peu considérable;
il

il remplit l'angle de terre formée par les rivières, et couvre les revers de la montagne de Saint-Michel.

On feroit cent tableaux des sites de toute nature qui l'environnent; est il rien de sauvage comme les monts dépouillés de gorets? Vous êtes à cent lieues de l'habitation des hommes ; quelques oiseaux planant au haut des airs, le poisson qui dans les jours d'été s'élance et ride en retombant la surface d'une eau tranquille, la génisse immobile au sommet d'un rocher suspendu, sont les seuls objets qui vous rappellent à des idées d'existence et de vie; tout paroît mort autour de vous.

Placez-vous sur la terrasse élevée de Kéblin; la rivière serpente au milieu des prairies, de noisettiers, de joncs et d'arbrisseaux, quelques bâtimens à la voile, des taillis, la forêt, la ville au milieu de grands arbres vous offrent un aspect noble et grave.

Arrêtez-vous sur le petit pont du Gorécaire ; cette jolie cascade, ces peupliers, ce pavillon, ces caprices de la nature, sur un fonds de landes sauvages ! — Du côté de l'Ellé, ces jardins, ces restes du château servant de repoussoir, cette prairie couverte de pommiers, les branchages légers d'un bois de chataigniers, le côteau de Louvignon, coupé de jardins en terrasses, de colombiers et de hameaux offrent un spectacle enchanteur au printems, agréable en toute saison.

On aime à s'égarer dans les grands bois de l'abbaye, à parcourir le long sentier coupé d'accidens, de ah ah! qui conduisent à Saint-Maurice. En suivant les contours du Laita, à s'enfoncer dans les retraites de Rosgrand, à se cacher dans le joli bois du Rossignol, à Keransquer, à lire, à deviner tous les emblêmes, tous les chiffres gravés sur les arbres de cette jolie terre. C'est-là qu'on écrivit l'histoire du bon curé Jeannot, de sa servante ; et tant de vers, qu'on se rappelle comme des premiers jours de sa jeunesse.

>Quand les zéphirs, par leurs chaudes haleines,
> Auront rendu le feuillage à nos bois,
>Le chant au rossignol, la verdure à nos plaines
> Et des sons variés à ma mourante voix.
> Sous tes rameaux, j'irai, comme autrefois,

Célébrer tes bienfaits, le printems, la jeunesse,
  Le vieux Sylène et la sainte paresse,
Ou, suspendant ma flûte et mon haut-bois,
Au sein d'un doux sommeil j'oublîrai quelquefois
  Jusqu'aux faveurs de ma maîtresse.

Je me suis souvent assis sur la pointe élevée de la montagne du Combout, et là, dans le silence d'un beau soir, dominant sur les jardins de chaque habitation, j'ai réfléchi sur les êtres qui s'y sont succédés, sur la réunion singulière des hommes qui les peuplent encore.

Je me souviens de cette femme aimable, lien de la société ; sur ses lèvres siégeoient le rire et l'indulgence.... La plus active charité marchoit toujours à ses côtés ; elle prévint toute querelle, accorda tous les différends ; tout orphelin étoit placé, tout pauvre étoit nourri par elle ; elle couvrit d'un voile épais les fautes qu'un moment d'erreur, de surprise ou d'amour firent commettre à d'aimables enfans : la liberté régnoit dans sa maison, on y fêtoit les talens, les vertus ; elle faisoit des vers dignes des Deshouillières, elle écrivoit comme Ninon.

Je voyois dans son lit ce malheureux R....; qui consomma sa vie dans les tourmens, dans les angoisses, qui parcourut dix fois l'Indoustan sans acquérir une fortune qu'un héritage inattendu lui procura la veille de sa mort.

J'ai parcouru le monde, et je n'ai pas trouvé de tête mieux organisée, d'homme plus noble, plus généreux que toi, mon cher M.... Ta mémoire me retrace ce que la Grèce et l'Italie produisirent de plus aimable; ton imagination, ton originalité piquante, ta philosophie socratique, cet humeur, que Swift, que Rabelais, que Cervantes eussent enviés, ne me laissent regretter parmi les hommes qu'un autre ami, que ce le J.... qui comme toi devroit planter ses choux, arroser de blanches laitues, et se fatiguer sur sa bêche, en attendant un repas simple, délicat, la liqueur ambrée du roi Georges, et le repos sur un lit d'édredon. Comme nous causerions alors du tems passé, des Brames que tu fréquentas, de l'Afrique que tu parcourus, de Madagascar, où tu séjournas, du Volcan, de Bourbon, de tous les crûs de la Bourgogne, de la Champagne et de Bordeaux, que tu pratiquas avec profit, que tu connois avec érudition; les siècles, les héros, les anciens philosophes, les fous du tems passé, les insensés, les furieux, tous les monstres du tems présent, les chimères de l'avenir fourniroient une matière interminable à nos longues dissertations, qu'écouteroit Bil.... en soupirant, le P.... en silence et M.... avec des mais!

Ce bel enfant! mais je m'égare, et ressemble à ces bonnes-gens, qui raisonnant avec leur cœur, ne parlent que de leur famille.

Pie VI est un des plus beaux hommes que j'aie vu : non qu'il ait une tête grecque, de ces profils sortis du ciseau de Phidias, ou du pinceau de Zeuxis ou d'Appelle, mais son regard est imposant, sa taille haute, majestueuse; il règne sur une partie du monde, et parle encore en maître aux souverains; Pie VI est enfin spirituel, éclairé, sage, prudent; il a vingt qualités aimables; le croiroit-on, au-dessus des mortels, il est vain d'être gentilhomme, et gentilhomme de deux jours; il le dit, il en parle et l'affiche par-tout. Avec des frais énormes, sans respect pour un fondateur, il a brisé les armes des Borghèze, à la voute de Saint-Pierre de Rome, pour y placer ses propres armes ; ses armes sont exécutées en marqueterie, dans la sacristie, qu'il vient d'ajouter à ce grand monument ; ses armes sont placées sur les morceaux d'antiquité, dont il a fait présent au Muséum ; ses armes, par son ordre, ont été peintes sur les tabourets, sur les escabeaux de ses anti-chambres.

Il est un homme à Quimperlé, juge intègre, éclairé, d'une probité reconnue, obligeant.... qui sans être né gentilhomme eut la fureur de tenir à cet ordre ; il a fait cinq cents fois sculpter, graver, peindre ses armes : elles sont douze fois sur un vieux colombier, vingt fois dans sa chapelle, sur la girouette du château, sur ses manteaux de cheminées, sur les rangeaux de sa basse-cour, aux rateliers de l'écurie.... Elles sont au fond de son puits, sur une énorme pierre de taille. — Pie VI a dépensé quatre cents mille écus romains en armoiries. J.... le tiers de sa fortune. Je plains cet honnêtehomme, qu'un petit ridicule à fait persécuter, poursuivre, par quelques hommes auxquels on pourroit reprocher et des bassesses et des atrocités.

Et... L.... toujours distrait, étourdi, dérangé, bête comme Lafontaine, qui fait des madrigaux et des épigrammes, tournés, rimés, comme ceux de Rousseau.

Et le généreux O.... homme loyal, chasseur habile, pêcheur industrieux, brave guerrier, si bon convive; on retrouvoit chez lui cette franchise aimable, qu'on supposoit à nos preux chevaliers, cette politesse sans courbettes, sans fausses protestations, qu'on rencontroit si rarement dans la meilleure compagnie, cette pureté de langage, cette amabilité d'expression, qu'on desiroit, sans la trouver dans les petits appartemens.... Cette subtilité d'esprit, pleine d'érudition, mélange heureux, qui s'éloignoit de la futilité des cours, du pédantisme des colléges.... Tu cessas d'être à la fleur de ton âge, mon cher O.... Je déposai tes cendres dans un obscur et petit cimetière, où je me transporte souvent; ton ombre n'a rien qui m'effraie; elle peut soulever la terre qui la couvre, se condenser, reprendre ton ancien image, elle n'offriroit à mes yeux que le calme, que la franchise, que la douceur de ton regard, que ton sourire carressant : repose en paix.... Que la terre te soit légère, et si le souvenir de tes amis t'est cher encore dans la nuit des tombeaux, ils t'aiment, ils t'aimeront jusqu'au moment où leur ame ira te rejoindre.

Je n'apperçois, je ne salue qu'avec respect cette religieuse, la supérieure, de .... Quelle douceur, quelle résignation, quelle patience ! elle fut enfermée, persécutée : mais jamais un reproche, une plainte, un propos méprisant n'attaqua la révolution qui l'arrachoit à sa retraite, à ses vœux, au serment qu'elle avoit fait à l'Eternel : elle ne demanda point au ciel le sang de ses persécuteurs ; tous les raisonnemens de la philosophie ne pouvoient rien sur sa raison, dont elle avoit depuis long-tems fait le sacrifice à la Foi : je n'ai pas les lumières qui jugent, disoit-elle, mais je tiens aux principes, à la croyance, qui ne prêchent que la douceur, l'humanité, et qui m'offrent pour récompense, après les peines de la vie, les délices d'un autre monde, dans un foyer d'amour, de transports et de charité.

Je dois un hommage public à l'homme respectable qui, père de sept enfans, nourrit habituellement sept orphelins qui se succèdent : il les habille, fait leur éducation, il leur donne un état honnête; de combien d'êtres il a fait le bonheur ! B.... vient d'ajouter trois enfans d'un beau-frère ruiné aux quatorze enfans qu'il élève.—Je l'ai vu bon administrateur, maire estimable ; il a bien mérité de ses concitoyens.

Est-il, à soixante ans, un homme plus actif, plus serviable, plus ami de l'humanité que le médecin le M. — Il ne jouit pas d'un moment de repos. La nuit, l'été, l'hyver, dans les chemins les plus affreux, il est aux ordres de tous les malheureux qui souffrent.

Par un hazard qu'on ne sauroit trop apprécier, le citoyen D.... a bien voulu consacrer ses loisirs à l'éducation de la jeunesse. Il la forme au travail, aux bonnes mœurs, à la décence ; sa méthode est facile, est claire; des exercices publics, quelques petites comédies, exécutées par ses élèves, démontrent les progrès qu'ils ont fait en si peu de temps.

La citoyenne F.... donne les premiers principes à des enfans des deux sexes. On ne peut s'empêcher d'applaudir à son zèle, à son activité, à tous ses moyens; elle parle peut-être avec un peu trop de recherches et de pureté; c'est un défaut rare dans la Bretagne : on n'a pas plus de politesse, de douceur, d'honnêteté que cette respectable institutrice.

L'hôpital de Quimperlé jouissoit de quelques revenus; ses biens ont été vendus; il est présentement comme les autres aux frais de la république : il seroit à souhaiter que ce bâtiment fût plus considérable.

Il n'est point de commune (j'en excepte Landerneau), qui soit plus tourmentée par le passage des troupes que celle de Quimperlé; il n'est point de commune où le soldat soit mieux reçu; il partage la table de l'habitant, qui très-communément découche pour lui céder son lit. Les corps constitués ont malheureusement négligé de demander un des grands bâtimens vendus pour y placer de belles casernes, qu'on ne leur eut pas refusées.

Les eaux des environs sont bonnes, mais elles sont à quelques distances ; on pourroit aisément former une fontaine au centre de la ville.

Chaque maison a son lavoir commode. Depuis fort peu de tems on enterre hors de la cité ; il règne assez de propreté dans les rues principales, mais sur la montagne, dans les environs de la place au soleil, des maisons abattues, abandonnées, par la putridité qu'elles exhalent, nuisent à l'air pur qu'on pourroit respirer sur des hauteurs, si constamment balayées par les vents.

Les grands marchés du vendredi, les principales foires de l'année se tiennent sur cette place au soleil ; malgré son étendue, elle suffit à peine à la quantité des cultivateurs qui s'y rendent : on n'y marche qu'avec difficulté, au milieu des chevaux, des porcs, des bestiaux qui la traversent. Les marchands de l'Orient l'encombrent par une multitude d'établis, chargés de poivre, de tabac, d'étoffes, de friperies, de fayences et de porcelaines : On y vend à fort bon marché des gibiers de toute nature ; excellentes perdrix, lièvres, lapins, bécasses, bécassines; de toute espèce de gibier de mer. Pour donner des idées précises, cet hyver, en général, les beaux lièvres s'y sont vendus de vingt-quatre à trente sols ; les perdrix dix, les bécasses dix, les lapins huit, les canards sauvages vingt sols, l'excellent beurre du pays s'y vendoit de huit à dix sols, le suif huit sols la livre ; la poissonnerie n'est pas moins abondante : elle est garnie de tous les poissons de la mer, des étangs, des rivières : à la même époque les beaux turbots ne coûtoient qu'un écu, cinquante sols ; j'ai vu payer une sole de vingt-deux pouces, vingt sols, et quelquefois le macreau n'y coûte que six liards. Pour 200 livres de loyers, vous avez une maison commode, avec cour et jardin, donnant sur la rivière.

Excusez ces détails de ménage : je n'ai voulu rien négliger pour indiquer l'état actuel du Finistère. Mon travail, sur une des plus importante portion de la France n'est pas aussi volumineux, à beaucoup près, que l'histoire de la moindre abbaye de la France ou de l'Italie.

La vieille église des Bénédictins semble avoir été construite à trois reprises différentes. La partie la plus ancienne, celle qui donne sur le petit parterre du jardin, me paroît du cinq ou du sixième siècle.

D'après les légendes, un solitaire, nommé Guitierne, célèbre par sa piété, habita Quimperlé, dès le règne du roi Gralon.

La plus vieille partie de l'église dont je vous parle, formoit une chapelle souterraine, dans laquelle on avoit enterré Saint-Guitierne et Saint-Gurlois; l'obscurité, l'antiquité du lieu, la vénération qui avoit de tout tems existé attiroient une multitude de pélerins et d'offrandes; on y déposoit du beurre, du miel, et sur tout du froment, des grains de toute espèce. A de petits pilliers, d'un goût sauvage, pendoient de grosses chaînes de fer, mangées de rouille; on passoit autour de ces anneaux une tresse de ses cheveux, qu'on arrachoit avec violence. J'ai vu jadis les traces du sang qu'on versoit par cette opération.

Ainsi, Thésée sacrifia ses cheveux dans le temple d'Apollon à Délos; Achile sur la tombe de Patrocle, Sapho sur celle de Timade, les femmes de la Virginie les déposoient sur les tombeaux de leurs maris; ainsi les jeunes gens à Rome les consacroient aux dieux, les suspendoient à l'arbre nommé de là *Capillaris*. Festus rapporte que les vestales les attachoient au tronc d'un arbre, auquel on prêtoit plus de trois cent soixante-dix ans d'âge. Je le répète, le cheveu de tout tems fut l'emblême de la propriété; on en faisoit le sacrifice aux dieux qu'on respectoit, à ses amis, à son époux ; ici le sens de cette action s'étant perdu, elle n'étoit plus sous le catholicisme que le moyen d'obtenir un miracle, de se guérir d'un mal de tête.

Les statues des deux saints auxquelles cette chapelle souterraine est consacrée ont été préservées de la destruction générale des monumens ; elles n'ont rien de remarquable, mais on devroit en conserver l'image.

L'église de Saint-Michel domine la ville. Elle étoit entourée d'armoiries et de statues, de costumes très-singuliers, très-variés; il existe au fond de cette église un tableau, dont les couleurs, la perspective aérienne m'ont frappé ; les têtes, les attitudes des bergers adorant J. C. dans la crèche, sont de la plus grande vérité, de la plus grande simplicité, l'architecture riche, gothique, est bien traitée. — Mais la Vierge, l'Enfant retouchés sans doute par une main inhabile, gâtent cette agréable composition.

Sur la place, à l'angle de laquelle est l'église de Saint-Michel, étoit une autre église plus ancienne, dont les ruines extraordinaires viennent d'être détruites, j'en aimois les ceintres hardis, et la tourrelle parfaitement exécutée en pierre de taille ; elle étoit de forme octogone, forme adoptée dans presque tous les monumens qui nous sont restés des Gaulois, la tour Mague, la colonne de Cussi, les tours de Calais et de Douvres, etc. etc., ces débris de colonnes, d'arcades, au milieu d'arbres élevés, d'un beau branchage, rappeloient ces ruines factices, si souvent répétées dans les jardins anglais, mais avec cette majesté, cette grandeur que les mesquines imitations de l'homme ne peuvent jamais atteindre.

J'ai visité les ruines massives de l'antique château de Carnoët, sur la rive droite du Laïta, (c'est le nom que l'Isole et l'Ellé prennent après leur réunion).

Les pans de murs, couverts de grands arbres, de ronces, d'épines, de plantes de toute nature, ne laissent appercevoir que leur grandeur ; des fossés remplis d'une eau vive l'entouroient, des tours le protégeoient ; c'étoit sans doute un objet de terreur pour le peuple du voisinage, il y paroît, par les contes qu'on nous en rapporte.... Un de ses anciens propriétaires égorgeoit ses femmes, dès qu'elles étoient grosses. La sœur de Saint.... devint son épouse; convaincue, quand elle s'apperçut de son état, qu'il falloit cesser d'être, elle s'enfuit ; son barbare époux la poursuit, l'atteint, lui tranche la tête et retourne dans son château. Son frère, instruit, la ressuscite, et s'approche de Carnoët ; on lui refuse d'en baisser les ponts-levis ; à la troisième supplication sans succès, il prend une poignée de poussière, la lance ; le château

château tombe avec le prince, il s'abîme dans les enfers : le trou par lequel il passa subsiste encore; jamais on n'essaya d'y pénétrer sans devenir la proie d'un énorme dragon. Transportez-vous dans les tems reculés, où la supestition dominoit dans toute sa puissance. Imaginez la pression de cœur des habitans du voisinage, en écoutant au coin du feu, la nuit, le long récit de cette histoire, l'émotion qu'il devoit éprouver en approchant de ce lieu de terreur; vous jugerez si l'aspect imposant des ruines d'Athènes et de Rome est d'un aussi grand intérêt et saisit aussi fortement le curieux qui les contemple. Notre tort est toujours de juger les hommes du tems passé avec l'esprit du dix-huitième siècle, et comme après la chute des religions anciennes la nature cessa d'être animée par Mars, par Jupiter, par des Nymphes, Vénus et des Amadryades ; à la chute du catholicisme, remplacé par la sèche et froide raison, ces solitaires, si puissans habitans des forêts, ou des antres sauvages, ces vierges, consacrant au ciel, dans la retraite, les plus doux momens de la vie, ces fantômes errans dans l'ombre et menaçant les criminels... Les fées, si secourables ou si persécutantes, le silence des bois, du cloître, les rêveries douces, sentimentales d'un cœur chaud, d'une imagination ardente ont cessé de nous émouvoir. C'est grand dommage !

Le citoyen P.... garde de la forêt de Carnoet, en a suivi les murs recouverts de terre, d'arbres, de mousses ; ils entouroient un parc de plus de deux lieues de circonférence ; les murs avoient quatre pieds d'épaisseur, et quinze pieds d'élévation. On assure qu'ils s'étendoient sur toutes les côtes de cette partie de la Bretagne, qu'ils alloient même jusqu'à Nantes... Dans les fouilles qu'il a vu faire, qu'il a faites lui même dans le château, il n'a trouvé de remarquable que de grands carreaux vernissés, et des barres de fer, enveloppées de cuivre, sur lesquels de jolies bambochades, des caprices étoient exécutés.

Il a perdu ces précieux morceaux de l'art de nos ayeux, je les regrette.

Le château de Carnoet est à une lieue de Quimperlé, au centre d'une forêt, sur les bords d'une rivière ; le rivage opposé n'est que sauvage, il conduit à la jolie terre de Talhouet, d'où l'on a sur la mer, de la terrasse du jardin, le point de vue le plus majestueux.

Les deux plus grands diamètres du district s'établissent de Scaer à Clohars, et de Guiligomarch à Rosporden. Ils ont huit lieues de longueur.

Les communes de Clohars, de Moélan, de Riec, de Nevez, voisines de la mer, produisent une grande quantité de seigle, de sarazin ; de l'orge, pour leur nourriture seulement, beaucoup de cidres excellens.

Le reste des communes fournit des seigles, du bled noir, de l'avoine, et point ou très-peu de froment. Quérien donne beaucoup de cidre, mais d'une qualité médiocre. La petite commune de Lothéa en rend peu, mais il est très-bon.

Le district de Quimperlé est sans comparaison, le plus boisé des districts du Finistère ; outre les taillis, les grands bois, les plants, les arbres, si multipliés sur les fossés, autour des champs, il renferme les belles forêts de Carnoet, de Coatloch, de Kimers et de Cascadec.

Balanec est un des principaux chefs-lieux de canton. Pendant les guerres de la ligue, il se livra, près des murs de Kimers, une bataille, entre les troupes royales et les ligueurs.

Quérien, placé sur une hauteur, domine sur des terres bien cultivées, sur des prairies fécondes; on y trouve beaucoup de landes.

Melgven donne presque toujours de bonnes récoltes; son terroir est très-inégal. Il y a deux papeteries dans ce canton. Le territoire de Bey est coupé de beaucoup de ruisseaux; les uns se jettent dans la rivière de Laita, les autres dans la mer; la moitié de ce pays est couverte de landes, ou négligée. On pourroit y faire, à peu de frais, les plus belles prairies artificielles. Cette commune a toujours montré le plus grand zèle, la plus active soumission aux ordres du district; ce qu'on doit à la composition sage de la municipalité, au bon sens, à l'intelligence du maire, Jean Causic, un des plus estimables cultivateurs que je connoisse.

Le 20 thermidor an II, nous éprouvâmes à Quimperlé un moment de disette. Bey vida ses greniers, pour nous fournir ses grains. Le 29 thermidor, la citoyenne Marie-Anne Calvé, femme d'Yves Lerun, de Loquilec, en Bey, guidée par son patriotisme, apporta la première au marché ce qu'elle avoit de grains, au *maximum*.

Pourquoi ne pas citer de pareils traits ? et ne doit-on s'entretenir que des vertus établies sur un grand théâtre, par des acteurs en grand costume.

Nizon, coupée de Vallons et de Monticules, de terres fertiles, abondantes en grains, en pâturages, est une des plus riches communes du district. On voit dans son arrondissement les ruines curieuses du beau château de Rustéphan. On prétend que la principale façade a disparu, que le village voisin est construit de ses débris ; il est curieux de voir des barraques bretonnes couvertes de chaumes, formées des plus belles assises de pierre de taille. Ces ruines sont parfaitement d'à-plomb; une grande partie de ses murs sont dans le meilleur état de conservation. La simplicité de ce grand édifice, que de vains ornemens ne surchargent point, les distributions intérieures, les ceintres pleins, les pierres d'attentes détachées des voûtes qu'elles supportoient, des conduits qui transportoient dans les salles l'eau chaude des offices, un caractère d'antiquité qu'il est impossible de décrire, me font regarder ce bâtiment comme un des plus anciens, non-seulement du Finistère, mais de la France : son nom latin, *Rus stephani*, me feroit croire qu'il fut construit à cette époque où le goût gothique commençoit à se mêler au goût que les Romains avoient transporté dans les Gaules, je fixerois l'époque de sa construction, si des conjectures, sans preuves matérielles, pouvoient être adoptées au cinq et sixième siècle, époque où je suppose qu'ont été faits les plus anciens murs de Concarneau : le mortier est employé dans les tourrelles, le pic seul pourroit l'attaquer : un mortier assez commun lie le reste de la bâtisse ; on sait que la pierre calcaire est extrêmement rare en Bretagne ; dans quelques endroits même, les murs ne sont couverts que d'un revêtement de pierre de taille.

La salle principale a quarante pieds de long, vingt-quatre de large, et vingt pieds d'élévation : chaque marche des escaliers est faite d'une seule pièce, d'un granit fin. La façade qui subsiste a cent pieds d'étendue, l'intérieur est revêtu d'une espèce de stuc, susceptible d'un beau poli.

L'angle droit du château de Rustaphan est recouvert d'un énorme lierre, dont les branches et les feuillages s'étendent de vingt pieds sur les murailles qui le soutiennent. Une des assises angulaires enlevée se trouve remplacée par le tronc contourné de ce lierre, qui peut avoir en cet endroit dix-huit pouces de diamètre ; un pommier sauvage domine pittoresquement un des grands pans de la façade, du Gui, du lierre, mille plantes, des mousses variées tapissent ce grand et beau massif d'architecture ; rien ne le domine ; du haut d'une tourrelle, qu'on peut encore atteindre, mais avec peine, on plonge sur une vaste étendue de terre bien cultivée, on distingue le bourg du Bey; la vue se borne à l'horison par un grand arc de l'Océan.

Ce château fut bâti, dit-on, par un fils des rois de Bretagne, qu'on nomme Etienne, c'est une conjecture sans preuves. On sait qu'en 1250, il appartenoit à Blanche de Castille, épouse de Louis VIII, roi de France, et qu'en 1420, il étoit possédé par un seigneur de Guémenée.

Ce bâtiment s'éloigne des formes de nos vieux châteaux, et cause à celui qui l'examine une surprise, occasionnée par son étrangeté. Il ne ressemble à rien de ce que j'ai vu dans le Tyrol, en Allemagne, en Flandres, dans la France et dans l'Italie, les anglais sont assez dans l'usage, dans leurs maisons champêtres, de placer comme ici leurs portes dans un corps avancé sur la façade principale, il y eut de grands rapports dans les premiers âges de l'ère chrétienne, entre la Bretagne et l'Angleterre.

Le territoire de Nevez est plein de monticules, fertile et parfaitement cultivé, il fournit beaucoup de froment, de l'orge et peu de seigle; cette commune donne sur la mer, elle est cotoyée par la rivière de Pontaven ; de grandes pierres de taille plattes, longues de sept à huit pieds, comme à Trégunc près Concarneau ; comme celles d'ardoises près de la Feuillée, entourent les champs et les courtils, ce qui produit un singulier effet. Point de bois dans Nevez, on prend dans Nizon le bois de chauffage.

Les mœurs de tous les environs sont douces ; l'ivrognerie est le seul vice qui y règne, chez les femmes même. On n'a trouvé depuis vingt ans dans Nevez qu'un seul enfant dont le père fut inconnu. Les habitans portent des culottes à la matelotte, un grand gilet à capuchon, des soubrevestes ; presque tous sont mariés ; la pêche est abondante sur la côte.

Bernard, homme qui sans un extérieur agreste avoit la patience, le zèle et l'amour de l'étude, qu'on rencontre rarement dans ces contrées, s'y dévouoit au métier d'instituteur, servoit de greffier, de municipal, faisoit tout dans cette commune : il y mourut assassiné comme le malheureux Gourlaouen, à Quérien.

Ces deux hommes, sollicités par le district, après de longs refus, cédèrent à la considération du bien public, en annonçant qu'ils seroient poignardés : ils y remplirent tout genre de fonctions, car dans ces communes, l'ignorance de la langue française oblige à résidence quelqu'homme qui connoisse les deux langues, un commissaire qu'on charge de tout diriger. On peut, on doit les honorer comme des victimes, qui se sont généreusement sacrifiées à leur patrie avec la certitude de périr. Leur famille attend les foibles dédommagemens, et leur mémoire les hommages qui leur sont dûs par la nation reconnoissante.

Gourlaouen fut forcé d'abattre l'arbre de la liberté ; on coupa son corps par tronçons, comme l'arbre qu'il avoit frappé ; on les éleva par assise comme une espèce de trophée, en défendant aux habitans d'en approcher. Trois jours s'écoulèrent sans qu'on osât lui donner la sépulture, et ce spectacle déchirant, effroyable, fut sous les yeux des malheureux habitans de Quérien.

Les communes d'Arzano, de Quérien

et de Guiligomarh, éloignées du chef-lieu du district, voisines du pays qu'habitent les chouans, sont dans un état de terreur et de dénuement qui ne leur permet pas de manifester le patriotisme que les autres communes ont démontré : avec quelles difficultés, d'ailleurs, peuvent pénétrer dans ces pays sauvages les principes, bases de la révolution ; pas un individu ne sait la langue française. Il n'est pas d'état plus funeste, plus déplorable que celui de ces malheureux. S'ils obéissent aux loix républicaines, on les poignarde : refusent-ils de s'y prêter, on les met en prison. Une force armée les protège ; mais c'est la nuit qu'on assassine, et les soldats ne peuvent être sur tous les points d'un canton vaste, coupé de bois, de fossés, de rivières.

Les Chouans ont, jusqu'à présent, fait de vaines tentatives pour organiser, pour faire lever le Finistère, comme le Morbihan : ils se bornent présentement à ravir les jeunes gens des campagnes, qu'ils arment contre la république. On ne connoît point de moyen qui puisse s'opposer à cette violence : les Bretons habitent des maisons isolées, sont privés d'armes, et ne peuvent offrir de résistance à six hommes qui les attaquent.

Sans dénigrer le patriotisme des autres communes, celles de Quimperlé, de Bey, de Moélan, de Cloars, montrèrent le plus de dévouement à la révolution. On ne joindra point à l'idée d'un dévouement les crimes, les atrocités, la barbarie des années passées : on y desiroit sans secousses, sans violences, une réforme nécessaire, et dans ces contrées écartées, on avoit la bonhommie de penser qu'elle pouvoit s'exécuter sans fureur, sans bouleversemens et sans vengeances.

Le district de Quimperlé touche près de Scaer à celui de Carhaix, et par une assez grande surface au district de Quimper ; le Morbihan le borne à l'est; la partie du sud touche la mer ; une barre qui n'existoit pas il y a quarante ans s'et formée au Pouldu, à l'embouchure du Laita. Des bancs de sables changeant de position à chaque marée, et des arbres tombés dans son lit rendent très-difficile l'entrée du port de Quimperlé, situé par les cinq degrés cinquante-trois minutes dix secondes de longitude, et par les quarante-sept degrés cinquante-une minutes huit secondes de latitude. Jadis des barques de cent tonneaux se rendoient jusqu'au quai de cette ville ; celles de cinquante y parviennent présentement avec peine : la mer s'élève au quai de sept à huit pieds dans les hautes marées.

Les communes maritimes de Clohars et de Moélan ont de grands rapports, et par leur voisinage et par leur position : leurs terres sont excellentes, fortes sur la côte, couverte de froment ; légères dans l'intérieur. Le bétail est abondant, mais petit dans ce canton : on s'y procure des chevaux dans Pont-Croix, aux foires de Poul-David, on y nourrit peu de moutons, on pourroit en entretenir une très-grande quantité, dans un pays couvert de petites landes et de serpolet.

Toute la côte, a trois quarts de lieue dans les terres, est dénuée de bois, exceptez en quelques ormeaux. C'est de tous les arbres du pays celui qui réussit le mieux près de ces mers : les sapins, les prussiers y pourroient former des rideaux comme à Kergégu, à leur abri, toute espèce d'arbres prospéreroit.

Rien de curieux comme les anses variés de cette côte, garnis de forts, de postes, de signaux.

P.... et K.... sont les deux plus agréables demeures du ressort de Moélan. La première de ces terres contient vingt-deux métairies, entourées des eaux de la mer et de landes sauvages. On traverse ces landes semées de noirs rochers, couverts de mousse. La mer s'apperçoit dans le lointain : vous croyez ne plus trouver de terre végétable, tout-à-coup des fossés, des champs et des vergers fleuris, la plus riche culture et des prairies artificielles se développent sous vos yeux. Des allées d'arbres plantés avec symétrie, servent de promenades ombragées, jusqu'aux points variés du rivage. Toute espèce de fleurs embellissent un parterre, les légumes les plus savoureux, les meilleurs fruits, des milliers de melons, nés en pleine terre, ou sur des couches, la chair la plus délicate, les vins les plus recherchés, l'hospitalité la plus aimable vous attendent : vous vivez sous un toît fort simple, aucune espèce de luxe ne règne dans cette retraite ; elle n'est parée que de bassins de fleurs, et des graces d'une espèce d'enchanteresse, dont les Renaud, les Roger, les Médor de Bretagne ont souvent essayé de triompher. — Elle a grand tort.

M. K.... se retira dans la commune de Moëlan. Il y forma la terre qui conserve son nom, la planta, l'embellit ; sa veuve épousa M. *** l'un des sages de la révolution. On fit auprès de lui vingt tentatives inutiles : il ne quitta point sa patrie, prévit le sort des émigrés, les plaignit sans les imiter, régla ses métairies, sut féconder des terreins infertiles, et fit du bien à tout le monde. Dans les mesures générales qu'on prit contre les nobles, il eut pour défenseurs, pour répondans, tout le district et sa prudence ; on essaya vingt fois de le troubler, mais on trouva toujours le même obstacle.

C'est à K.... qu'au retour de mon voyage dans le Finistère je commençai la description que j'achève : c'est dans la société douce, aimable de ses habitans, c'est sur les rives de la mer, dans les jardins, dans les rians vergers du voisinage que je me reposois, et retrouvois les forces dont j'avois besoin pour surmonter les dégoûts et l'ennui, nécessités par la révision de cent mille notes, prises au hasard, à la volée. M.... a servi, s'est distingué dans les guerres de Corse. Blessé, décoré de l'ordre militaire, il quitta son état avant la révolution ; c'est un de ces guerriers qui n'ont point dédaigné les Muses ; son esprit est orné des plus jolis vers de nos poètes ; il lit avec facilité le Tasse, l'Arioste, Pétrarque et cette multitude de poètes italiens, qui parent sa jolie bibliothèque, près de Tibule, de Juvenal, de Martial, et de Virgile.

Tout homme qui voyage, qui visite les côtes est accueilli, reçoit des notes instructives, et part enchanté des hôtes de K....

Si la commune de Moélan ne céda pas aux impulsions contre-révolutionnaires, dans la désertion d'une partie des gardiens de la côte, si ceux de Brigneau restèrent fermes à leurs postes, si les impositions se sont payées avec exactitude,

c'est

c'est à M.... qu'on le doit. — Ah! si les privilégiés avoient pris le sage parti de se retirer sur leurs terres, de renoncer à de vaines prérogatives, ils y seroient heureux. — Que de sang n'auroit pas coulé!

Je veux donner une idée de ce qu'est une terre en Bretagne, et je choisis celle de K... Je ne décris pas un palais, quelque château de haut parage, mais une simple gentilhommière.

La maison principale offre une façade de la plus grande simplicité ; la chapelle à droite, en entrant, est placée dans une tourrelle antique, dont les murs sont couverts de lierre. La cour est grande, elle contient deux bâtimens, sur les côtés, les écuries, et la demeure des ouvriers. Une claire-voie laisse régner la vue sur le jardin, vaste, gâté par quelques ifs, taillés pourtant avec recherche : on l'apperçoit de la salle-basse ; on en distingue toutes les parties des appartemens supérieurs. Le jardin, formé de grands carrés, entourés d'arbres fruitiers en éventail, est du meilleur rapport ; les fruits y sont délicieux, les légumes parfaits, les couches sont chargées de melons excellens et de fleurs.

Une charmille, des bancs de gazon, un bosquet de laurier, les fleurs, des plates-bandes, une corbeille, sont les seuls ornemens de ce jardin fécond.

Sur la gauche est un bois, planté d'ormeaux et de charmilles, alignés avec symétrie; il règne sur toute la longueur du grand jardin : c'est un lieu frais et solitaire, où la méditation, la lecture et l'amour trouveroient un heureux asyle. Deux énormes figuiers, une tourrelle de coudriers forment la principale entrée de cette retraite.

Une porte à claire-voie, à l'extrémité du jardin, vous conduit dans un beau verger, dont l'allée de pommiers précède une plus longue allée d'ormeaux; elle règne sur une montagne, ne laisse appercevoir à son extrémité que le vague de l'athmosphère et du ciel.

Ce premier verger est entouré de fossés, de haies vives, mêlées d'aube-épines odorées, dont les fleurs de couleur de chairs pourprées, ou d'un blanc de neige se mêlent aux teintes variées de cent pommiers d'espèces différentes.

Si, sortant du jardin, laissant la grande allée vous prenez sur la droite, vous arrivez par un tapis d'herbes fleuries, à la barrière qui ferme les champs cultivés, ils sont, (par un bois de sapins, de prussiers, et de grands ormeaux,) mis à l'abri des vents de mer. Il faut avoir vécu dans la Bretagne, pour concevoir les agrémens d'une pareille promenade, les accidens de ces fossés, de ces globes de fleurs, supportés par des troncs noueux, épars dans les champs labourés. Des sentiers de verdure chargés de jonquilles sauvages, de marguerites, de glaieuls, humectés de rosée, entourent les fromens, les seigles, les bleds noirs, les pommes de terre qu'on y cultive. Chaque saison varie ce coup-d'œil enchanteur ; chaque disposition de l'âme lui prête de nouveaux effets ; la tristesse, la mélancolie n'y purent pénétrer qu'à l'époque où la France entière fut entourée d'un crêpe noir.

La chaleur du soleil vous force quelquefois de préférer le bois riant qui touche au manoir principal. On s'y rend par une allée double de grands arbres ; on se promène, on s'assied sur la mousse, on descend aux prairies, au moulin, dont les bords ombragés par la tête des arbres qui couvrent le côteau sont plus épaisses et plus fraîches.

Que j'aimais au printems ce pré, dont la barrière est en face de la porte principale de K.... — Il est couvert de foin terrien, dont le fond verd est de loin surmonté par un voile transparent de couleur violette, formé de têtes de jonquilles que le zéphir agite mollement. Il est coupé de boutons d'or, de perce-neige, de marguerites, de plantes aux rameaux légers et de fleurs odoriférantes. Des pommiers, des poiriers, placés sans ordres, surmontent ce riche tapis ; le cerisier, des frênes, des figuiers, d'énormes maroniers, des arbres encore sans feuillages, le choux, emblème de la contradiction, un grand ceintre d'ormeaux, de frênes et de saudres, le bourdonnement des abeilles, le chant du coq dans le lointain, le vol des papillons, un ciel pur, un air vif, varient à l'infini les douces impressions que ce beau lieu fait éprouver.

De-là, vous parvenez, par un joli sentier, au bois qui conduit à la mer. Vous la voyez à travers le feuillage, elle pénètre dans un anse qui peut porter bateau à trois cents pas de la maison : vous suivez ses contours, et vous arrivez à Brigneau. C'est le siége d'un corps-de-garde de signaux, et d'une baterie de canons de vingt-quatre. La vaste mer est sous vos pieds ; votre œil suit les sinuosités du rivage ; il apperçoit dans le lointain toutes les isles des Glénans, en face l'isle de Grois. Sur la gauche, les terres qui forment l'entrée du port de l'Orient. Le dernier combat des Français et des Anglais, sous Grois, se voyoit de Brigneau. L'escadre anglaise, pendant sa station à Quiberon, évoluoit tous les jours sous nos yeux, presqu'à la portée du canon. Quand les grandes variétés de l'Océan, ses tempêtes, ses couleurs, au lever, au coucher du soleil, cessent de vous occuper, est-il d'amusement plus doux et plus piquant que de parcourir ses rivages, d'être témoin de l'industrie, des cent mille moyens que l'homme emploie pour aider à sa subsistance. L'un au milieu d'une mer agitée, isolée, sur un pic, une ligne à la main, tend un appas perfide aux rougets, aux grondins, à toute espèce de poisson ; l'autre armé d'un trident, d'une espèce de lance, parcourt tous les creux des rochers, darde des poissons plats, des écrevisses, des omars : des femmes détachent des huîtres, des bernigues, ou recueillent dans des paniers les coquillages variés qu'offrent les sables et les vases ; ce qu'on nomme manche de couteau dans nos cabinets se prend d'une manière assez particulière : on sème du sel sur le sable, l'animal croit que la mer s'approche, il vient à la surface, on le saisit. Pendant ces ruses, ces petits travaux sur la côte, les pêcheurs jettent leurs filets, ou les relèvent ; ces spectacles si variés font écouler les heures comme un moment, et vous retournez au manoir, las, harrassés, mais projettant de répéter le lendemain chaque scène de la journée.

On barre quelquefois les anses de ces côtes avec de longs filets de quatre-vingt-dix ou cent brasses, la mer descend, tous les poissons qui se sont avancés dans les terres sont arrêtés par ces filets ; c'est quelquefois la pêche de Saint-Pierre : les hommes, les enfans, les paysans du voisinage battent la vase avec de longs bâtons, la foulent avec les pieds, et forcent le poisson de céder à sa cruelle destinée : on se fait mille espiégleries ; les accidens, les chutes déterminent des éclats de rire, que les échos au loin répètent : cette gaîté bruyante rompt la pensée mélancolique qui venoit troubler vos plaisirs, le madrigal ingénieux ou fade qu'on préparoit à sa maîtresse ; elle rappelle au monde, à la société ces deux êtres qui l'oublioient. Ah! pourquoi toutes nos journées ne s'écoulent-elles pas ainsi, loin de la multitude et près de la nature.

Ces côtes sont formées de granit feuilleté, micacé, friable, décomposé, découpé en crête de coq ; les coquillages qu'on y trouve sont variés, de couleurs vives, mais très-petits.

Les rochers qui touchent la mer sont couverts de lépas et de perce-pierre : leurs sommets, qui s'élèvent ici de soixante à soixante-dix pieds, portent une terre assez légère, des bruyères, de l'ache, des violiers sauvages, du serpolet, de l'éternelle, de jacinthes de toutes couleurs. Tous ces terreins sont chargés de troupeaux.

On appelle bains de Diane, près de Plaçamen, une conque de quatre pieds de profondeur de trente à quarante pieds de diamètre, ronde, régulière, creuzée par la nature, au milieu de rochers striés, concaçés, où l'on peut prendre un bain délicieux.

Il existe sur la côte de Brigneau, sur la côte de Clohars, des grottes curieuses. Le gouffre de Balangenet, de forme conique renversée, à trente pieds de large, dans la partie la plus élevée, et cinquante pieds de profondeur : la mer s'y précipite avec un bruit affreux, par une voute de sept à huit pieds de hauteur. Dans les grands vents, quand ce gouffre est rempli, l'Onde pressée par le flot qui succède se lève quelquefois au niveau de la terre....

Je n'avois pas à vous décrire ces grands palais de l'Italie, ces beaux jardins de

Pline, de Scaurus, de Lucullus, où l'art paroit à tous les inconvéniens d'un climat sec, aride et brûlant, où de longs péristiles, où des salles, formées de colonnes corinthiennes, recouvertes de voutes épaisses, remplaçoient ces bocages frais et ces beaux dômes de verdure qui nous charment à K.... Des milliers d'esclaves soumis ne servent point à des plaisirs, qu'aucun travail, qu'aucune fatigue ne fait valoir; de vastes substructions ne conservent pas les poissons qu'on engraisse, on n'a point percé de montagne pour attirer dans des bassins de marbre l'eau salutaire de la mer, on n'a point revêtu de brillans arabesques et de peintures recherchées les grottes du rivages, où l'on cherche le frais, vingt secrétaires ne sont point à vos ordres pour vous lire Platon, Homère ou Plaute : la nature a tout fait pour l'homme à l'homme à K.... ; les grands efforts de l'art en couvrent à peine les défauts ; loin d'en pouvoir remplacer les richesses.

Notre gaîté, nos bains sur un sable doré, des mets simples et délicats, les vins de Ségur et d'Ay, si préférables au

Falerne.... Rabelais, Bayle, Molière, ou Voltaire lus par nous, à l'ombre d'un hêtre, M.... si gai, si prévenant, son épouse qui l'aime trop, R.... élancée comme un lys, M.... qui vaut seul tout un cercle de beaux esprits, qui se plaît tant aux champs, et qui savoure la campagne, l'ingénieur B.... qui nourrit son esprit aimable, éclairé, et sa vigueur et sa jeunesse d'un pain toujours insuffisant pour son vigoureux apétit; les nymphes de la P. N..., la demoiselle de P.... qui n'accepte jamais la main qu'on lui présente, un climat toujours tempéré, qui ne connoît ni les glaces, ni les chaleurs, rendent ce point du Finistère un un petit paradis terrestre.

Il n'y a pas une lieue de cette terre à la P. N...., lieu retiré, bien boisé, poissonneux, embelli par un bras de mer, qui passe par Bélon, et pénètre au loin dans les terres. Les huîtres de Bélon sont les plus grandes et les meilleures de l'Europe. Celles de Dieppe, de Cancale, celles de l'Angleterre, du Golphe adriatique sont moins bonnes. On en voit en Chine d'aussi grandes, mais elles sont moins délicates; ces huîtres sont parquées, conservées dans des réservoirs.

Au-delà de Bélon sont les côtes de Nevez ; Raguenez, où les Anglois déposèrent l'année dernière deux ou trois mille hommes, pris à Quiberon, qui gagnèrent le Morbihan, plus loin, la rivière de Pontaven.

La commune de ce nom est à cinq quarts de lieues dans les terres. Ce petit port de mer est le séjour le plus capricieux, si je puis employer cette expression italienne. Il est placé dans l'eau, sur des rochers, aux pieds de deux monts élevés, sur lesquels sont semés d'énormes blocs arrondis, de granit, qui semblent prêts à se détacher : ils servent de pignons à des chaumières, de murs, à de petits courtils. — Ces blocs, descendus des montagnes, gênent le cours de la rivière, qui bondit contre tant obstacles. Des moulins, placés sur les rives, s'en sont servis comme d'appui, pour y placer l'essieu de leurs rouages : des ponts de bois les réunissent ; les côteaux d'alentour sont habités, boisés, et d'un aspect extraordinaire, singulièrement variés ; le bruit des eaux, le bruit de vingt cascades étourdissent le voyageur, comme les moulins à foulon de Dom-Quichotte, comme les chutes d'eau de la Suisse et de la Savoie.

Des bâtimens de cinquante à soixante-dix tonneaux peuvent se rendre tout chargés, jusqu'à l'espèce de quai, pratiqué par les habitans, qu'il seroit très-utile de réparer, de continuer jusqu'à l'Islot, sur une distance de deux cents toises. Des bâtimens de cent-cinquante tonneaux pourroient alors se charger à Pontaven. Je n'ai rien vu de brisé, de rompu, de cahoteux, comme la rue qui conduit au quai : elle est placée sur des rochers, dont les blocs inégaux font faire aux roues, des chutes de dix-huit pouces ; sans les efforts des hommes qui les conduisent, jamais les animaux ne pourroient faire franchir à des voitures, même à vide, des pas si dangereux.

Les bâtimens de sept cents tonneaux peuvent, à vide, mouiller à l'embouchure de la rivière de Pontaven. Cette rade est foraine, mais assez close pour qu'ils y soient en sûreté.

Les côtes voisines de la mer sont en ce lieu de soixante à quatre-vingt pieds d'élévation : elles sont défendues par deux forts ; à la pointe de ces batteries, des rochers, à fleur-d'eau, se prolongent à plus d'un demi-quart de lieue dans la mer. Du corps-de-garde de Baguévéchen, on voit les Glénans, l'Isle-Verte, et la côte : près de ce corps-de-garde est une presse de sardine. J'avois oublié d'indiquer la presse de Douélan et la presse de Kéerjégu. Il en existe une autre à la rive opposée, près de Rosbras : la dernière n'est pas en activité, malgré les magasins considérables qui s'y trouvent.

On voit, sur le rivage de Nevèz, après un quart de lieue de l'embouchure de la rivière de Pontaven, les restes du donjon du très-ancien château de Poulguen, dont les murs sont de fortes pierres de taille ; on y voit une auge de granit, de sept pieds de long, sur cinq de large, et de trois pieds de profondeur. Le château de Poulguen étoit au bord de l'eau, placé sur un rocher, entouré de bosquets et de taillis.

Il avoit droit de tirer à boulet sur les bateaux qui passoient sans payer le droit d'entrée dans la rivière; il choisissoit les poissons les plus beaux, les oreilles et les pieds de cochons qu'on portoit à la ville; il dînoit en nature sur tout objet de cargaison qu'on alloit vendre à Pontaven. Sur la même rive, on trouve l'antique château du Hénan, remarquable sur-tout par une tour platte, et bien travaillée, établie sur un roc, à vingt-cinq pieds au-dessus du rivage; ses alentours sont très-boisés.

Quand j'apperçois ces monumens, je parcours aisément les siècles du gouvernement féodal. J'y vois de grands seigneurs, leurs dames, leurs enfans, enivrés d'orgueil, de prétentions, dominans sur un tas d'esclaves, qui les considéroient, et leurs rubans et leurs plumages, et leurs voiles de gaze d'argent, grands yeux ouverts, bouche béante; qui ne leur parloient qu'à genoux: j'y vois des troubadours, des scènes amoureuses, quelques tournois, des courses et des luttes. Mais que je voudrois pénétrer dans les tems reculés pour nous, qui précédèrent l'arrivée des Romains : les tems bien plus anciens, où les Gaulois, maîtres du monde, vivoient sous l'empire des Druides. Nous avons bien l'idée des mœurs générales de ces siècles, mais les traits particuliers, les détails, la physionomie du tems, si j'ose ainsi parler, s'évanouit dans les ténèbres.

Les grains, fromens, seigles, avoines sont la base du commerce de Pontaven. Ils s'exportent à l'Orient, à Nantes, à Bordeaux ; on y vendoit beaucoup de bestiaux, une grande quantité de dindons, de canards, de volailles de toute espèce.

Les mœurs sont pures dans ces cantons : en général, leurs habitans sont carressans, hospitaliers pour les hommes qu'ils craignent ; ils sont, d'ailleurs, durs et peu serviables : les hommes de Névèz sont plus fortement constitués que ceux des communes terriennes.

Point d'hospice, point de médecin, point de chirurgien, point d'accoucheuses à Pontaven. Des paysannes se chargent de cette dernière fonction, tuent l'enfant qu'elles arrachent, en estropiant sa mère. A la connoissance du citoyen Decourbes, maire de Pontaven, plus de cent-cinquante enfans, en dix-huit ans, sont morts de cette manière. Les mêmes accidens ont lieu dans Riec et Nison, dans toutes les communes environnantes.

Il y a douze foires à Pontaven, et cinquante-deux marchés par an ; on s'y porte avec une telle affluence, qu'il faut une heure, quelquefois, pour traverser cette petite ville.

Les cidres du pays, ceux de Riec surtout sont excellens.

On sème les seigles et les gros fromens en décembre, en novembre les fromens tendres, et l'avoine en mars.... On cultive du chanvre, du lin. — Les habitans commencent à s'accoutumer aux pommes-de-terre.

Plus des trois quarts des terres sont en friche dans ce canton.

La rivière de Pontaven est poissonneuse. Elle abonde en saumons excellens, préférés à ceux-même de Quimperlé. Les meuniers se permettent un abus qu'on devroit détruire, en les punissant sévérement ; ils prennent dans des poches une multitude

de

de petits saumons, qu'ils nomment glésils, dont ils nourrissent leurs pourceaux. Sur les rivages de la mer, on trouve un genre de palourdes, espèce de petits cœurs striés, en telle abondance qu'on peut en prendre jusqu'à quarante tonneaux par mois. Cette nourriture est très saine. La pêche de l'éguillette se fait la nuit, avec des flambeaux : la lumière, qu'ils croient celle du soleil, les attire dans les filets, qu'ils savent éviter le jour.

La pêche des merlus se fait aussi la nuit, dans le plus grand silence ; on les amorce avec de la morgate.

Le climat de Pontaven, Nevez, Riec, de ces contrées, est tempéré, très-pluvieux ; les vents d'ouest y règnent les trois quarts de l'année.

La rivière qui sort de l'étang de Balanec court du Nord au Midi.

Des granits, des moëlons, des pierres micacées, sont les principales pierres du pays.

On y trouve quelques perdrix blanches. On doit cette espèce, dit-on, à M. de Tinténiac.

L'imagination a ses rêves ici, comme dans tout le reste du Finistère, avec les mêmes caractères d'originalité, de bizarerie, d'antiquité.... On porte aux Saints pour obtenir la guérison du mal qu'on a, ou de celui qu'on se suppose, des coëffes remplies de grains, qu'on dépose à leurs pieds.

On voit aussi dans ces cantons quelques Caqueux, Cacouax, espèce de Parias, proscrits, qui vivent dans les landes, éloignés des habitations, sans qu'on communique avec eux : on les croyoit, au quinzième siècle, juifs d'origine, séparés par la lèpre des autres hommes. Ils font des cordes pour subsister. Les évêques, à cette époque, ordonnèrent que ces Caqueux se tiendroient au bas des églises, sans se mêler, au reste, des fidèles. Le duc François II leur enjoignit de porter une marque de drap rouge sur un endroit apparent de leurs robes ; il leur défendit tout commerce, autre que celui de fil, de chanvre, encore ne pouvoient-ils le faire que dans les lieux peu fréquentés. Ces hommes, séparés des hommes, furent l'objet de mille contes extravagans : ils vendoient des sachets qui préservoient de tous les maux, jettoient de mauvais vents, donnoient des herbes dont la vertu faisoit vaincre à la lutte, à la course ; ils vous prédisoient l'avenir. On dit que le Vendredi-Saint, tous les Caqueux versent du sang par le nombril. Ces malheureux profitèrent sans doute de la stupidité, de la crédulité de leurs voisins. Beaucoup parvinrent à défricher des landes, à cultiver des champs abandonnés, qu'ils fécondèrent : ils plantèrent des bois, des prairies ; on voit sur le chemin de Plaçamen un fort joli village de Caqueux : le préjugé n'est plus aussi fort qu'il l'étoit autrefois, mais on ne s'allie point encore à leur famille.

On faisoit dire à Saint-Eurlot, à Sainte-Cornélie des messes, pour le repos de son mari défunt : on les payoit quatre fois plus, s'il s'agissoit de guérir ou sa vache, ou son veau.

On voit aussi, dans ces cantons, quelques monumens Druidiques.—Des vieilles pensent que toute une noce fut changée en pierres, pour une faute qu'on ignore ;

d'autres que les membres d'un avare inhospitalier, insensible aux malheurs du pauvre, furent ainsi pétrifiés, pour servir de leçon à la postérité, et porter à la charité les témoins de ce grand exemple.

Je reviens à Pontaven. Les travaux les plus urgens dans cette commune sont: 1°. le rétablissement du pont principal, dont une partie n'est soutenue que par quelques poutrelles, placées il y a treize ans, avec épargne, par messieurs de Pontcalec et de Kersalaun. Ce pont sert de communication entre Pontaven, Concarneau, Quimper et Quimperlé. Il est indispensable au commerce de Melgven, de Nizon, de Nevez, de Tregunc; l'état du pont est tel, que si l'ennemi menaçoit les côtes de Nevez, de Tregunc, les canons de l'Orient ne pourroient pas le traverser.

2°. La direction du grand chemin, de manière que sans faire un coude dangereux il se rende au pont en ligne droite, ou la construction du pont un peu plus haut dans l'alignement du grand chemin.

3°. La prolongation du quai.

4°. La réparation du pavé qui conduit au quai. J'en ai déjà parlé.

5°. La destruction d'un grand rocher, qui gêne l'entrée du port.

6°. L'établissement d'une route qui conduise directement à Balanec, pour faciliter les moyens de communication avec Scaer, Morlaix, Rennes, Saint-Brieux, etc. Ce chemin permettroit, en tems de guerre, d'approvisionner les côtes du Nord, qui ne le sont alors qu'avec un grand danger, quand il faut traverser la Manche. — On n'a que trois lieues de route à percer sans difficultés pour opérer tant d'avantages.

Le port, près de la ville, a vingt pieds de profondeur : quand la mer est basse, son lit est à sec, il n'y coule que de l'eau douce.

Les environs de Pontaven, la ville sur-tout, offriroient cent bizarreries au dessinateur qui voudroit y faire des études : du chantier du citoyen Aumon, on auroit sous les yeux vingt points de vue, des accidens inimaginables. On voit dans ce chantier un grand rocher, creusé par le mouvement éternel des eaux de pluie ; ce creux a trois pieds de profondeur, quatre de large ; il est de forme ronde, très-régulière. J'ai parlé de pareils travaux du tems, en décrivant l'isle de Tristan, près de Douarnenez.

A la descente de quelques émigrés, et de trois mille paysans, sortis de Quiberon, Pontaven fut un moment à leur pouvoir.

Depuis la révolution, le citoyen Decourbes, homme de mérite, aimable et plein d'intelligence, remplit les places principales de cette commune, dans laquelle il a su maintenir jusqu'à présent l'ordre et la paix, malgré les efforts qu'on a fait pour les détruire et le corrompre.

La route de Pontaven à Concarneau n'a rien de remarquable, elle est en bon état. Près de Tregunc, on voit un bloc énorme de granit en équilibre, qu'un homme meut avec facilité, comme près de Treguier, comme au Huelgoat.

Riec est à peu de distance de la Porte-neuve : des gabares de cent vingt tonneaux peuvent se rendre à une demi lieue de cette commune. On a, du clocher de Riec, une vue qui s'étend jusqu'aux montagnes de Las.

Les chemins de traverse sont impraticables dans ces contrées, comme dans tout le Finistère.

Il me reste à faire connoître la commune de Scaer, dont le nom est assurément peu fait pour la musique, ou pour la poésie.

En s'y rendant, de Quimperlé par Kimer, on traverse le riche pays qui dépend de Balanec. Cette route est difficile et fatiguante, elle est quelquefois dangereuse ; on passe sur des ponts sans garde-foux, où la chute des eaux effraie vos chevaux, leurs pieds glissent ailleurs, sur des tables de pierres, polies par le tems et les pluies. Les fermes qu'on traverse, en approchant, sont nues, et presque abandonnées.

Scaer est à cinq lieues de Quimperlé : ce bourg considérable est traversé par un chemin assez beau; il raccourcit de dix lieues la distance de Brest à Paris, mais le défaut de postes fait qu'il n'est fréquenté que par quelques rouliers, des gens à pied, ou des hommes qui voyagent avec leurs propres chevaux.

Avant qu'on eût détaché quelques portions de son terrein, pour les joindre à celui de Balanec, il avoit environ douze lieues de circonférence. Le dixième de cette étendue est passablement cultivé. Le reste n'offre que des landes, qui cependant par leur vigueur démontrent que la terre est susceptible de culture ; le pays en général est mal peuplé ; des échanges répétés de grains, de bestiaux et de denrées de toute espèce, eau-de-vie, vins, etc. en font subsister les habitans ; ils parcourent sans cesse les foires de Châteauneuf, du Faou, de Coray, du Faonet. Dans la commune de Scaer, peuplée de cinq cents hommes, on n'en compte que trois qui labourent la terre : le reste agiote, commerce, est ouvrier, fait des sabots dans les forêts voisines ; il y a vingt-quatre auberges dans ce bourg.

Deux forêts considérables couvrent une partie du canton de Scaer. Celle Coatloch, rendez-vous de chasse de la duchesse Anne, où l'on voit les débris d'un antique château, a six cents arpens d'étendue. Elle est en coupe réglée depuis cent ans ; elle fournit des bois d'une grande beauté ; chênes, hêtres, bouleaux ; de la bourdaine en remplit tous les vides. C'est-là qu'il falloit ordonner aux salpêtriers du Finistère de faire du salin, sans employer les landes, les genêts, les ronces de pays dépouillés, qui manquent de chauffages. On a quatorze coupes de cinq arpens à faire encore dans cette superbe forêt ; mais les charrois y sont d'une telle difficulté, que j'ai vu des bois équarris, perdus dans les broussailles, abandonnés par leurs propriétaires. Cette forêt étoit entourée d'un mur épais, dont on voit encore les ruines.

La forêt de Cascadec, exploitée depuis très-long-tems, couvre environ sept cents arpens de terre ; ses renaissances, ses hêtres et ses chênes sont de la plus belle espérance ; on pourra, dans quatre-vingt ans y faire de nouvelles coupes.

Ce canton produit du seigle, des avoines ; le bled noir y réussit rarement ; on n'y sème point de froment. Si les eaux des vallons étoient mieux dirigées, les gelées n'attaqueroient pas les jeunes grains, et l'on auroit de meilleurs foins. Il faut monter au clocher de Scaer, pour jouir d'une des vues les plus étendues de la Bretagne.

Les terres qui l'entourent s'élèvent en amphithéâtre, et forment une chaîne de montagnes, couvertes de bois : l'horison se termine au Nord par les montagnes de Las; au Nord-est par les montagnes Noires ; la montagne de Sainte-Barbe, à l'est, se confond avec les nuages, plutôt par sa distance que par son élévation.

Les autres points de vue sont moins étendus, mais toujours riches de verdure. La forêt de Cascadec est dans le sud-est, celle de Coalloch au sud-ouest.

De-là, l'on apperçoit l'état déplorable des rues de Scaer; une eau fétide, infecte et verte, se putrifie dans de sales rigoles. — Dans le cœur de l'été même, une boue épaisse empêche de les traverser. L'hyver, ce bourg considérable, offre l'aspect d'un marais impraticable.

Presque toutes les maisons de Scaer sont couvertes de paille, incommodes et mal fabriquées, avec les plus riches matériaux, les pierres les plus belles.

On en trouve de quatre espèces dans

les carrières des environs ; le granit à gros grains, micacé, friable, sur la côte.

Une espèce de schiste feuilleté, qui se travaille avec la plus grande facilité dans la carrière, et durcit à l'air en fort peu de tems : la maison de la citoyenne veuve Guéguin est bâtie d'assises alternatives de cette pierre noirâtre, et d'une pierre de granit gris, à petit grain, qu'on trouve à Saint-Michel, à moins d'une demie-lieue du bourg. La quatrième pierre, assez commune, est un quartz cristallisé, du terrein de Kerambars et de Saint-Jean, à trois quarts de lieue de Scaer. On a découvert, dans un terrein appartenant aux héritiers Keranquer, des cristaux exagones, de quatre pouces de long, sur dix-huit de largeur.

La merveille de Scaer est la fontaine de Sainte-Candide. Elle n'est éloignée de la commune que d'environ quatre cents pas géométriques ; elle coule sur un fond de schistes, se divise en deux branches : une d'elles arrose des prairies, et va se perdre dans l'Isole ; l'autre, dirigée par un conduit de quatre pieds de largeur, sur quatre à cinq de profondeur, passe à côté du cimetière, remplit une cuve de granit, de quatre pieds quatre pouces de large, sur vingt un pouces et demi de profondeur, se rend dans les derrières du grand chemin et se perd aussi dans l'Isole.

Cette fontaine a soixante pieds de longueur, seize pieds de large, et sept de profondeur : en hyver, en été, elle conserve la même quantité d'eau, on l'écoule facilement; alors une cinquantaine de sources sortent en bouillonnant du fond schisteux de la fontaine, jaillissent à trois ou quatre pouces, et remplissent en vingt-quatre heures, et ce bassin et ses canaux. Rien de l'impide comme cette eau délicieuse ; mais les terres qui s'éboulent, les feuillages qui s'y corrompent en souillent la pureté : il est indispensable de faire couvrir et le canal et la fontaine.

Dans la commune, vous supposez qu'on réunit cette eau dans un vaste bassin, qu'on la dirige, pour obtenir un lavoir, un abreuvoir, que chaque particulier la guide dans son jardin, dans sa cuisine, non : elle se rend dans la cuve de granit de quatre pieds, dont je viens de parler. Elle est à fleur de terre, les animaux s'y désaltèrent, des femmes y lavent; c'est la seule fontaine de Scaer. Les Romains eussent fait faire un aqueduc de soixante mille, pour se procurer cette eau si négligée. Sainte-Candide en fit jaillir les sources : elle guérit la fièvre, le mal aux yeux, dénoue les enfans; une maladie de langueur, nommée barat, résultat d'un sort jetté, qui conduit infailliblement à la mort, ne peut être détruite que par elle; il n'est pas d'enfant qu'on ne trempe dans la fontaine de Sainte-Candide, quelques jours après sa naissance, il vivra s'il étend les pieds, il meurt dans peu, s'il les retire.

Je vis, à la porte de l'église de Scaer, une assez jolie femme, dans une attitude d'humilité; elle attendoit, après ses couches, la purification, la bénédiction du curé. Les femmes ne peuvent pénétrer dans l'église sans cette cérémonie, qui les purge de la souillure qu'elles contractent en mettant au monde un enfant.

On a trouvé des perles dans des moules de rivières, aux environs de Scaer.

l'abbé Floid, curé de la paroisse, en a fait parvenir à Paris, de la grosseur d'une petite aveline.

A Coadrix, près de Scaer, on ramasse une grande quantité de ces pierres, nommées pierres de Croix par les naturalistes. Les pauvres les donnent, les vendent aux pélerins, aux étrangers : il est peu de ménages où l'on n'en conserve comme préservatifs, comme talisman contre les naufrages et les chiens enragés : on la croit propre à guérir des maux d'yeux ; des religieuses en faisoient des sachets, qu'on suspendoit au col, qu'on portoit dans sa poche.

Cette pierre est encore commune dans le territoire de Coray. De l'Isle la rapporte aux genres de cristaux micacés ; elle ne doit, suivant lui, cette forme plus ou moins régulière, qu'à la réunion de deux prismes exagones tronqués, qui se joignent tantôt à angles droits, tantôt en sautoir ou en croix de Saint-André. Le président de Robien, dans une dissertation sur ces pierres, les regarde comme des pyrites pierreuses, dont les parties sulphureuses, salines, vitrioliques et métalliques s'étant évaporées, dissoutes, ont été entraînées par les lotions coutinuelles des pluies, des rosées, etc., et n'ont laissé que la partie pierreuse et micacée, dont elles sont encore revêtues. M. Constedt les place dans le genre des basattes.

On allume deux cierges à Scaer, au moment du mariage ; on en place un devant le mari, l'autre devant la femme ; la lumière la moins brillante indique celui des deux qui doit mourir le premier. L'eau et le feu, comme chez les anciens, jouent un grand rôle dans la Bretagne, comme cent faits nous en ont convaincu jusqu'à présent. Du côté de Guingamp, quand on ne peut trouver le corps d'un noyé, on met un cierge allumé sur un pain qu'on abandonne au cours de l'eau, on trouve le cadavre dans l'endroit où le pain s'arrête.

Il n'y a pas long-tems qu'à Scaer on promenoit dans une charrette, traînée par des hommes, le mari qui s'étoit laissé battre par sa femme.

On est ici dans l'usage, comme dans quelques endroits du district, de mettre aux arbres, le jour de Noël, une ceinture de paille, pour les préserver de la gelée. C'est peut-être un reste de l'usage ancien des Gaulois, qui garnissoient ainsi le pied de leurs arbres fruitiers, pour les mettre à l'abri des glaces de l'hyver : fait rapporté par l'empereur Julien.

Dans ce pays, la première nuit des noces est à Dieu ; la seconde à la Vierge, la troisième au Patron du mari; celui-ci n'approche sa femme que dans la quatrième nuit.

Dans le canton de Kernevet, on donne des noisettes à la mariée pendant toute la première nuit de ses noces. Les noix, chez les Romains, étoit l'emblême du mariage, à raison de la double enveloppe qui renferme son fruit; image, de celle dont l'enfant est enveloppé dans le sein de sa mère; la dure enveloppe des noisettes offroit peut-être un autre emblême aux Celtes.

J'ai vu les courses de chevaux qui s'exécutent aux mariages de Scaer; il s'agit, le premier, d'enlever un ruban, placé près de l'auberge où se fait le repas de noces....
Les

Jeunes Epoux de retour de l'Eglise du petit Hergué.

Les accidens sont fréquens dans ces courses.

Scaer, reculé dans les terres, d'un abord difficile, a conservé beaucoup des formes et des usages du tems le plus ancien. Des poètes, des discoureurs y demandent les filles en mariage. J'ai retardé jusqu'à présent à vous donner quelques notes sur cet objet.

Un Troubadour se transporte chez la fille qu'il demande en mariage pour son ami; il n'est reçu d'abord qu'à la porte. Un autre Troubadour, protecteur de la fille, est sous les armes : la dispute commence en vers de tradition, fort souvent impromptus, dont je peux vous donner quelques exemples.

L'étranger fait un compliment à tous les individus renfermés chez la fille, qu'il demande en mariage; il implore pour eux les faveurs du Ciel, des jours de rose et les délices d'une autre vie, il salue les prêtres souverains sur la terre; Les gentils-hommes qui, de leur épée protègent la Croix, la Couronne et le Pauvre.

Il finit cette exorde par s'excuser de ses foibles talens sur son séjour, loin des grandes écoles, des villes et des gens éclairés.

Le disputeur de la maison lui dit en vers :

Votre salut nous plaît, il charme les vieillards et les jeunes-gens.

Il est bien malheureux que ce que vous cherchez ne se trouve plus dans ces lieux ; le vase de parfums n'est plus, nous n'avons que des pots de terre à vous offrir : une inspiration du ciel nous a ravi ce que nous chérissions avec idolâtrie ; cet ange a fait serment d'abandonner le monde et de consacrer à son Dieu dans la solitude du cloître, et son bonheur et sa virginité; elle renonce à l'homme perfide, inconstant et traître : l'ingratitude habite sur la terre ; on n'y recueille que des pleurs.

Adieu, soyez heureux et dans ce monde et dans l'éternité.

Le Demandeur.

Quand nos chiens à la chasse ont perdu les premières voies, mauvais chasseur qui se retire. Je reviens à la charge, et vous demande avec instance l'objet d'un amour éternel.... Celui qui la recherche n'est pas fait pour qu'on le refuse. Il meut la terre avec facilité, retourne en un seul jour plus de sillons que trois de ses confrères ; nul ne lui résiste à la lutte ; le cerf n'a pas plus de légèreté : quand la charrette se renverse en un chemin mal applani, il sait tout seul la retenir ; il a chassé le malfaicteur qui menaçoit d'attaquer son village, et son bâton a su briser, a fait voler au loin leurs armes de fer et d'acier.

Le Disputeur.

Celle que vous demandez n'avoit pas moins de mérite que lui. Quelle toile fine et légère, quelle étoffe forte et solide elle fait sortir du métier !.... Si vous voyez avec quelle souplesse elle porte à la ville, sans accident, le lait qu'elle-même a tiré ! jamais jeune homme du village ne se flatta d'avoir obtenu d'elle un seul regard, et quand la danse est commencée, elle tient d'une main sa mère, de l'autre son amie, et jamais un garçon qui pourroit la tromper. — J'en suis fâché, mais celle que vous demandez n'est plus ici, cherchez ailleurs.

LE DEMANDEUR.

Pourquoi, quand je vous indiquai la neuvième heure du matin de ce jour, quand je vous fis sentir le motif de ma visite, m'avez-vous laissé quelque espérance ? Vous me trompez : celle que je cherche n'est pas sortie de la maison; tout le village l'auroit su, l'eût retenue.... L'if est fait pour les cimetières, pour les lieux écartés, mais un beau lys est fait pour les jardins : ne me chargez point de paroles de désespoir, conduisez par la main celle que je desire. La table va se préparer, et nous les asseoirons à côté l'un de l'autre, en présence de leurs parens.

LE DISPUTEUR.

Je cède à vos vives instances, à votre persévérance ; je vais vous présenter ce que nous avons dans la maison, et vous verrez si celle que vous demandez est ici. — En attendant, grand père, et vous tous, levez-vous, et voyez si celui qui parle est connu pour un honnête homme.

Après une déclaration des vieillards, le disputeur disparoît un moment; il amène une vieille, et la présente.

Est-ce cette rose que vous cherchez?

LE DEMANDEUR.

A la figure respectable, à la physionomie calme, tranquille et gaie de cette femme, je juge qu'elle a bien rempli sa tâche dans ce monde, et que son mari, ses enfans, que tout ce qui vivoit à côté d'elle étoit heureux, mais elle a terminé ce que l'autre doit commencer; ce n'est pas elle que je veux.

(Le disputeur va lui chercher une jeune veuve).

LE DEMANDEUR.

On ne peut être plus jolie, cette figure de santé, de jeunesse, ce port droit, cette démarche aisée m'annoncent une vierge aimable, mais en l'examinant avec attention.... ce doigt usé de frottement me fait connoître que fort souvent elle a cherché dans un bassin de terre la bouillie qu'elle donnoit à ses enfans.

(Le Disputeur lui conduit un enfant de dix ans).

Le Demandeur.

Voilà ce qu'étoit, il y a huit ans, celle que je desire : un jour ce bel enfant fera le bonheur d'un époux, mais elle doit rester encore long-tems sur l'espalier, l'autre n'attend qu'une corbeille pour être transportée sur la table du festin nuptial.

Le Disputeur.

Vous triomphez, rien ne vous trouble. Je reconnois votre constance et votre fermeté; voilà ce que vous cherchez, parée de toile d'Hollande, d'écarlate et de rubans d'or et d'argent. Allez chercher celui qui l'aime, et nous les placerons tous deux à table, au bout du banc. Puissent - ils être heureux ensemble, et mériter la bénédiction du prêtre et de leurs parens! Allez, la promptitude de votre retour nous prouvera l'amitié que vous nous avez annoncée.

Touchez-là, mon ami; je prendrai place à vos côtés, et le cidre, et le vin nous rappelleront des chansons anciennes.

Dans quelques autres morceaux de cette

nature, on peut retrouver l'origine de caractères, mis depuis sur la scène, de ces jeux villageois, qui précédèrent la comédie.

Le Disputeur est une espèce de Matamore qui parlant en son nom, s'identifiant avec celui dont il propose la main, ne raconte que des exploits.

Il a jadis, avec une mâchoire d'âne, fait mourir mille Philistins ; les murs de Babylône furent détruis par lui ; il pénètra dans Troie, à l'aide d'un cheval de bois ; il commandoit l'armée de Perse, quand elle s'empara d'Athènes ; il remporta sur les Romains la fameuse bataille de Cannes ; il fut le vainqueur de Pavie, etc. etc.

Le Disputeur ne voit pas à quel titre ce hardi conquérant veut l'emporter sur lui ; la science est au-dessus de la force des armes. Je reçus du Très-Haut la loi, sur le haut du mont Sinaï, je rétablis les livres Saints, perdus à la prise de Jérusalem ; je chantai dans mes vers les exploits des Troyens, et je me fis nommer Homère ; en Sicile, je fis les vers qu'on prête au chantre Théocrite ; j'étois Virgile auprès d'Auguste ; je fis depuis des vers, étant cet aimable Thibaut, jadis comte de la Champagne. Mes derniers vers sont ceux que l'on prête à Ronsard.

Ces vers, sans doute, ont été faits par quelque curé de campagne; ils n'ont pas l'originalité des premiers, mais remplis de formes modernes; le cadre peut être très-ancien.

Barbe Dérien, femme aveugle, de quarante ans, qui de Scaer qu'elle habite, se fait conduire aux foires du voisinage, pour y chanter de vieilles chansons, me chanta celle dont je vais vous donner le sens, en présence des principaux membres de la municipalité, chez le cit. Keransquer. La scène eut lieu, dit-on, dans un moulin qu'on montre près de Scaer.

Un meunier, las de sa femme, aimable et jeune cependant, s'adresse à sa servante, et lui dit : Marguerite, veux-tu gagner cinq cents écus et dix pistoles d'or? Reçois-moi cette nuit près de toi dans ton lit.

M.... Une simple cloison nous sépare de votre femme.

Le m.... Je te promets de ne pas dire un mot.

La proposition est acceptée.

Marguerite va trouver sa maîtresse, et lui dit : Vous êtes souvent sans argent, voulez-vous gagner cinq cents écus et dix pistoles d'or ? Couchez cette nuit dans mon lit. Elle lui conte alors la proposition de son traître d'époux, et lui prescrit le silence qu'on s'étoit promis de garder.

Transports du bon meunier, qui trouve tous nouveaux les charmes de sa femme, et las, quelques momens avant le jour, se lève, et trouve son garçon, jeune homme fort et vigoureux, qu'il aimoit, et dont il étoit le parain.

L'avarice succède à l'amour. Le meunier trouve cher le plaisir qu'il a pris, et comme il étoit fort bon-homme, il veut que son filleul passe sur le marché. Celui-ci se rend au plus vîte dans le lit où Marguerite étoit censée couchée ; il étonne la ménagère par sa fougue et par son ardeur. Un mot découvre le mystère, et la meunière, en souriant, lui dis : Tais-toi, mon cher Jeannot, tais-toi. Ce matin, je vais à la foire du Faouet, je te promets un bon chapeau, car c'est à toi de le porter. J'achète un bonnet pour notre homme, du plus beau jaune de Dogan (cornard); Marguerite sera vêtue d'un habit neuf, et violet; parmi nous, elle seule est sage.

Des étrangers logeoient dans le moulin: ils demandèrent à l'hôtesse la cause du grand mouvement, du bruit qui les a troublés de si bonne heure?

Seigneur, répondit la meunière, mon mari réveilloit Jeannot, son bon valet, pour qu'il vint blutter sa farine.

AUTRE CHANSON BRETONNE.

BERNARD ET LA DEMOISELLE.

B. Vous allez donc vous marier, et moi renoncer au bonheur, qui ne peut être qu'avec vous?

La D. Vous êtes un ingrat, Bernard; il faut obéir à mon frère, ou me résoudre à ne le pas quitter. Je vous ai donné mon amour.... L'amour ressemble à l'ardoise à miel. Le miel est à la mouche, et l'ardoise au premier venu, et je ne donne que l'ardoise à celui qui veut m'épouser.

B. Mais un autre que moi ! Votre frère est bien vain. Si vous êtes haute en noblesse, je suis haut en richesse. J'ai mon jardin, j'ai ma maison, quatre moulins, des métairies, et cinq cents livres tous les ans ; connoissez-vous homme plus riche ? Je vous offre tout, partagez avec votre frère, pourvu que je ne partage avec personne le cœur que vous m'avez donné.

La D. Allons, Bernard, entrons dans la maison, tâchons de gagner notre frère. Nous allons déjeûner ; puissions-nous désormais, prendre tous nos repas ensemble !

AUTRE CHANSON.

LE GARÇON ET LA FILLE.

Le G. Bon-jour, ma jeune amie, mon cœur, ma bien-aimée.

La F. Mon amoureux, à quelqu'instant que vous veniez, je vous atttends.

Le G. Mon cœur est languissant ; je meurs si je ne vous épouse.

La F. Je suis mineure, et je dépens de mes parens.

Le G. Je vais les rassembler à table avec les miens, car c'est à table qu'on raisonne. Adieu.

La F. Mon ami, le soleil est haut, la lune sera claire; je vais te servir quelques fruits.

Le G. Manger, je n'en ai pas l'envie, mais j'en ai de vous embrasser.

La F. Arrêtez; nous nous caresserons un jour; bon-soir, prends ton sac et vas-t'en.

AUTRE.

LE MARI ET LA FEMME.

Le M. As-tu vu ce matin la femme du château, comme elle étoit belle à la messe ? Elle portoit un bonnet élevé, d'où pendoit jusqu'aux pieds une gaze d'or et d'argent.

La F. Mon mari, ils rioient, et ne prioient pas le bon-Dieu.

Le M. Et le dîné qu'ils ont fait sous l'ombrage? Quel repas, quels mets, quels vins dans ces flacons, qu'ils sont heureux!

La F. Mon mari, ils ne mangeoient point.

Le M. Et ce bal, où tu les as vus, avec tant de bougies, et des diamans, et ces peintures?

La F. Mon ami, ils ne dansoient point.

Le M. Et ce lit de damas, à grands ramages, ces draps de soie, ces balustrades, ces glands d'or?

La F. Mon ami, ils ne.... ils ne sont pas heureux autant que nous.

Je laisse à mes lecteurs instruits, par les détails que je leur ai donnés des mœurs, de l'esprit des Bretons, je leur laisse le soin d'apprécier ces contes, ces chansons : On ne pourra disconvenir qu'on y remarque une originalité, des tournures, une simplicité, de la finesse, qui ne se trouvent point chez un peuple grossier. Ils me font regretter avec une espèce de désespoir, que le tems nous ait dérobé les grands morceaux de poésie des vieux Bardes de la Bretagne. Ceux-ci sortent des cabarets, des foires ; je les dois à des bateliers, à des aveugles : il ne faut pas, par quelques rapsodies, juger de l'esprit d'un grand peuple.

Je ne crois pas avoir parlé, dans cet ouvrage, de la danse, et de la musique des Bretons.

Leur musique est vive, légère ; elle ne paroîtroit pas convenir à des hommes naturellement lourds, et dont les mouvemens sont lents, mais comme la musique entroit pour beaucoup autrefois dans l'éducation des peuples, peut-être a-t-on imaginé dans la Bretagne de stimuler, par des airs vifs, un peuple dont les mouvemens avoient trop de lenteur. La même chose eut lieu dans l'Angleterre.

Les instrumens en usage en Bretagne, sont la musette, le haut-bois et le tambourin. Aucun peuple n'a plus d'oreille que le peuple de ces contrées. Dans un branle de cent personnes, vous n'en voyez pas une qui ne tombe d'à-plomb, qui contrarie, par un faux mouvement, l'uniformité d'un ballet.

Dans la description de la danse des Grecs, Guys nous a donné celle de la Bretagne : ce sont les mêmes passe-pieds, les mêmes figures ; tantôt on marche deux à deux, jusqu'au moment où la musique vous indique le passe-pieds ; tantôt vous formez un grand rond, au milieu duquel on enferme un enfant ; on quitte ici la main d'une de ses voisines, et l'on décrit, suivi de tout le bal, cent figures, dictées par le caprice. Ce qu'on remarque ici de particulier et d'étrange, c'est l'air contrit, l'œil baissé, l'air dévôt de toutes les femmes : c'est encore ce respect que la danse inspiroit, quand elle étoit l'image des mouvemens célestes, quand elle s'exécutoit dans les temples, au fond des bois sacrés.

Les Lacédémoniens avoient l'hormus, espèce de branle, semblable à ceux que je décris : un jeune homme, d'une contenance fière, hardie, le dirigeoit, les filles suivoient dans une attitude plus modeste, moins prononcée.

Lucien dit qu'on dansoit en rond autour des autels, pour imiter le mouvement du Zodiaque.

La grue s'exécute en Bretagne, comme elle s'exécutoit dans Athènes, sous le règne de Thésée : les danseuses et les danseurs se suivent à la file, comme les grues.

Ces danses, dans les temples, dans les cimetières, furent défendues en 744, par le pape Zacharie ; il en existoit à Paris des traces dans le douzième siècle, puique Odon, évêque de cette ville, donna ordre à ses curés de l'abolir.

Dans le dix-septième siècle, à Limoge, à la fête de Saint-Martial, le peuple dansoit en rond dans le chœur de son église, et répétoit à la fin de chaque pseaume. *Saint-Marceau pregas per nous et nous epingaren per vous.*

J'atteste, en 1765, ou 66, avoir vu danser encore dans une chapelle, et dans le cimetière d'une petite terre de la Bretagne, près de Brest.

Je me rappelle encore avoir vu fréquemment exécuter dans la Bretagne, ce que l'on l'on appelloit, en termes d'art, danses de passions, dont Polichinel exécutant la sabotière, nous retrace l'image sur les petits théâtres ; on y contrefaisoit l'ivrogne, le fou, l'amour et la colère, on exécutoit en pantomime les différens états de la société, le forgeron, le luteur, le matelot, le jardinier, etc.

Sous le règne de Catherine de Médicis, dans un bal qu'elle donna à Bayonne, aux ducs de Savoie et de Lorraine — « Les Bretons dansèrent le passe-pied et les branles gais, au son des violons, et les biscayens la moresque avec des tambours-de-basque : c'étoit au milieu de ces fêtes que Catherine préparoit le massacre de la Saint-Barthelemy ».

Pline assure que le passe-pied tire son origine de la Pyrrhique.

Nous avons vu que les Bretons croient dans les lieux sauvages et dans les landes entendre la musique, et voir la danse des Gaurics, autour des pierres Druidiques. Lucrèce dit que les esprits font leur demeure dans les déserts, dans les forêts ; c'est l'a-

Tome III. M.

style des nymphes, des satyres et des faunes danseurs.

Rien ne rappelle aux tems reculés comme les danses des Bretons, assis sur des tonneaux, auprès desquels est une enseigne de guy, de lierre ou de sapin; un Sylène grossier vous présente dans un broc, du vin, du cidre ou de l'eau-de-vie.

Plus loin, sur un fossé, dans une touffe de feuillage, un Homère aviné souffle dans sa musette, accompagné du haut-bois affidé qui dirige sa marche, et partage ses gains. Quel mouvement, quelle gaîté, quelle simplicité dans les nombreux acteurs de cette fête, dédaignée par quelques servantes, par ces messieurs accoutumés aux menuets, aux contre-danses, aux violons de la halle et du cabaret.

Je me suis écarté de Scaer, et j'y reviens, pour indiquer quels sont les travaux nécessaires dans cette commune;

On desire :

1°. L'achèvement d'une route qui conduiroit à Quimperlé; elle n'est faite que jusqu'à Balanec; il faudroit conduire jusqu'à Scaer.

2°. L'élévation d'une fontaine publique et les fonds nécessaires pour couvrir le canal qui porte dans Scaer les eaux de Sainte-Candide;

3°. L'ordre de faire paver la ville;

4°. Une demi-brigade de gendarmerie;

5°. Le rétablissement du pont, qui ne permet plus à la moitié de la commune de communiquer avec l'autre, pendant six grands mois de l'année;

6°. La réparation des chemins qui conduisent aux forêts de Coatloch et de Cascadec; de celui qui mène à château-Neuf;

7. La reconstruction du Pont de Penvern;

8°. La mise en état, de la halle et de la prison.

Je crois vous avoir fait connoître, avec les détails nécessaires, l'état actuel du Finistère. C'est un pays riche, peuplé, où la culture cependant est loin d'atteindre à l'étendue, à la perfection qu'elle doit obtenir un jour. Nous avons vu qu'il existe une prodigieuse quantité de terrein sur la côte, qu'on pourroit arracher à la mer, sans fortes dépenses ; les landes (qui donnent un air inculte à ces contrées, coupées), pourries, servent d'engrais ; on feroit beaucoup mieux de cultiver la terre qui les nourrit : mais les préjugés et les anciens usages ne sont point encore détruits dans la Bretagne ; on pourroit se procurer les engrais nécessaires, en formant des prairies artificielles, en nourrissant un plus grand nombre de bestiaux. L'usage des fossés est bien conçu dans un pays de terres légères, et pluvieux, dont la superficie seroit enlevée, s'écouleroit dans les vallons, sans cette précaution sage, qui d'ailleurs conserve des bois et fournit des émondes. — On est ici dans l'usage condamnable d'étreper les terres. — Je n'ai jamais pu déterminer un honnête fermier à cultiver la totalité d'un champ dont il laissoit toujours un angle en friche, sous le prétexte que ses pères ne l'avoient jamais travaillé ; c'étoit la part du diable, à laquelle il ne falloit jamais toucher. Les connoissances nouvelles, données par le

Journal du Cultivateur, écrit en français, ne sont pas répandues dans nos campagnes. L'exemple des propriétaires gérant, leurs terres obtenant des succès, peut les déterminer après des siècles, à suivre de nouvelles méthodes. Que de peines n'a-t-on pas eu pour leur faire adopter la culture des pommes de terre. Peu de laboureurs emploient en semence les grains empruntés dans d'autres terres que les leurs : le grain s'abatardit, et devient d'une petitesse incroyable. — L'usage trop fréquent des fêtes et des jours de repos se fait sentir dans la Bretagne ; il semble que l'ancienne église les ait multipliés dans le printems, où la nature est en amour, où la perte d'un jour cause un dommage irréparable.

Le paysan Breton, quelque soit sa fortune, n'a d'autre jouissance que celle d'augmenter le trésor dans lequel il dépose tout l'argent qu'il arrache aux villes. Le plus riche fermier se nourrit comme son valet, et n'est pas mieux vêtu que lui. Le lait, le lard et le pain noir sont sa nourriture ordinaire : il mange aux jours de fêtes ou de mariages du bœuf, du veau, quelquefois du far au raisin ; il mange un autre far, aliment nourrissant, grossier, fait avec du lait et du beurre excellent ; on na point de fromage en Bretagne, mais on y prépare le lait de vingt manières différentes.

Le peuple est sans desir et sans ambition ; riche des dons de la nature, il reçoit ses présens, sans la solliciter ; son imagination travaille en raison de son inertie, de son ignorance. Ah ! si des Suisses possédoient ce pays !.... Les Suisses, au bout de quelque tems seroient ce que sont les Bretons. L'abondance enfanta toujours la paresse.

Le gentilhomme, sur sa terre, avant la révolution, j'en excepte celui que la fortune conduisoit souvent à Paris, vivoit avec la même négligence, la même apathie, la même indifférence : l'ambition, qui tend à s'élever, à fonder sa maison sur des profits multipliés, à tourmenter son existence, pour augmenter ses revenus, étoit presque inconnue chez lui. La tapisserie de Bergame, qu'on tenoit de son tris-aïeul, le vieux fauteuil à personnages, fabriqué sous le roi Salomon, le vieux donjon, la petite chapelle, quelques assiettes de fayence et de porcelaine cassées, et l'habit des états à grandes basques, à boutonnières de fil d'or ou d'argent, la vieille épée sans lame et sans poignée, qu'on plaçoit sur la cheminée, à côté d'un grand boucanier, formoient le ménage brillant d'un gentilhomme Bas-Breton, qui ne croyoit dans l'univers qu'à la noblesse de Bretagne.

La séparation qu'on essaya d'établir de tout tems entre la France et les Bretons, les éloigna long-tems des faveurs de la cour; ils croyoient déroger en servant sous les rois, qu'ils ne regardoient pas comme leurs légitimes souverains. On connoît une époque, où fort peu d'entre eux servoient dans les armées Françaises; même encore dans les derniers tems, on disoit avec ironie, au jeune homme entrant dans les pages.... Te voilà donc valet, mon petit cousin. — Quand M. de Boisgelin obtint le cordon bleu, on appelloit licol cet ornement si desiré partout, et presque dédaigné par les Bretons.

A Quimper, à Guingamp, chez les officiers retirés, il règnoit un tout autre ton; mais rien n'étoit bisarre et sauvage comme un gentilhomme breton, qui n'avoit pas quitté sa terre.

NOTES.

J'ai cru devoir ajouter quelques notes à ce que j'ai dit des différens districts du Finistère. Ce travail mérite quelque indulgence : on voudra bien se rappeller que j'écris sur un pays presque abandonné, et que je n'ai pas, comme les autres voyageurs, des monumens, des palais à décrire ; il est aisé de faire un livre sur Paris, sur Rome et sur Florence, où le gouvernement, les mœurs, les établissemens de charité, les muséum, etc., ne vous laissent que l'embarras du choix : mais que dire, en général, des départemens de la France, éloignés de Paris, ou qui ne sont point embellis par de grandes cités de l'espèce de Lyon, de Bordeaux, de Marseille ?

Comment faire des recherches d'ailleurs, comment avoir la patience d'écrire dans les tems de crise où nous nous trouvons ? au milieu des inquiétudes que la patrie menacée nous inspire ; au milieu des convulsions du moment, des passions exaltées jusqu'au délire, qui meuvent le plus paisible habitant des campagnes, comme l'ambitieux auprès auprès du directoire, comme les souverains du Nord, de l'Angleterre et de l'Espagne ?

Ne verrons-nous jamais renaître de beaux jours?

et faudra-t-il encore verser le sang des hommes tout renverser et tout détruire, pour arriver à l'ordre, au repos, au bonheur ? L'Anglais, l'Autrichien, le Russe, tous les princes coalisés, ont besoin de la paix comme la France ; supposez leur des triomphes, ils devroient encore l'accepter. On craint de pousser au désespoir une poignée d'hommes cernés par une armée victorieuse, et l'on ne craindroit pas l'exploision terrible d'un peuple de 30,000,000 habitans.

―――――

Jean Causeur, natif de la paroisse de Ploumoguer en Léon, est mort à Saint-Mathieu près de Brest, le 10 juillet 1775. âgé de 137 ans. — Il étoit du village de Lanfeust.

Il se maria à l'âge de quarante ans, et fut père d'un garçon et de quatre filles ; sa femme est morte à quatre-vingt treize ans. Son fils existe, âgé de soixante-cinq ans.

Jean Causeur servit en qualité de perceur dans le port de Brest ; son état habituel fut celui de cultivateur. On a dit qu'il avoit été boucher, parce qu'il fournit des viandes à un camp, placé près Blancs-Sablons. Il connoissoit parfaitement les maladies des animaux, les médicamens qu'on doit leur appliquer : dans sa décrépitude, il s'occupa du jardinage.

Il étoit sage et frugal, n'avoit de répugnance

pour aucune boisson, mais ne se permettoit aucun excès. Il mangeoit beaucoup de laitage.

Sa mort n'a été précédée d'aucune maladie; il s'est éteint sans apparence de douleur. Sa barbe avoit été remplacée par un léger poil follet; ses yeux avoient presque disparu.

A l'âge de cent vingt ans il se rasoit lui-même, il entendoit la grand'messe à genoux.

Jean Causeur éprouva trois grandes maladies dans cent trente sept ans.

NOTE IIe.

Au moment où la Bretagne secoua le joug des Romains, donna l'exemple d'une révolte, suivie bientôt par tout l'Empire; au moment où les Francs s'emparèrent de la Gaule, les lettres, les beaux arts, toute espèce de connoissances et de lumières disparurent La plus profonde obscurité régna dans les détails historiques de cette époque.... Ils ne sont conservés que par nos légendaires qui se contentant de rapporter la naissance ou la mort des grands, le gain d'une bataille, des merveilles, des tremblemens de terre, etc. ont laissé les siècles qui nous précédèrent dans une ignorance qui n'est pas totalement détruite.... C'est elle qui fit supposer que les premiers rois de France portoient une queue comme les singes, que Charlemagne n'étoit vêtu que d'un surtout de peau de chêvre, que nos Bretons dans le cinquième et sixième siècles, étoient des espèces de sauvages.... La rivalité qui s'établit chez les premiers historiens anglais qui voulurent s'approprier ce que les anciens avoient dit de la Bretagne continentale ; les déclamations de Grégoire, de Tours, ennemi des Bretons ; les injures soldées des écrivains français qui vouloient avilir les habitans d'une contrée sur laquelle ils se prétendoient des droits de propriété, furent la cause de ces erreurs sur l'état des Bretons. Cependant les légendes, en parlant de la cour des grands dans l'armorique, où les Saints étoient accueillis, citent leur luxe, des fêtes, des chasses qui supposent une grande opulence. Les romans nous donnent les mêmes détails en décrivant la cour de Méliadus, de Tristan, etc. etc. mais si l'on rejettoit ces autorités comme mensongères, il en est d'irréfutables que je me contenterai d'indiquer.

Dans le quatre, cinq et sixième siècles la Bretagne donnoit des professeurs à Bordeaux. — Elle produisit l'ingénieur itinéraire de Rutilius.

Aucun écrivain n'a nié l'authenticité du concile de Vannes en 465. — Il est écrit dans un latin fort pur et qui détruit la prétendue ancienneté de Chroniques supposées, de l'épitaphe de Conan, de celle du roi Gralon, etc.

Le canon quatrième démontre qu'à cette époque on ne traitoit pas avec la barbarie des romains, les filles consacrées à Dieu qui manquoient à leur vœu de chasteté.—On se contentoit de les excommunier.

Il n'étoit pas permis aux diacres, soudiacres, à ceux enfin auxquels la loi défendoit le mariage, d'assister à la noce des autres hommes. « A ces festins, à ces assemblées où l'on chantoit des hymnes amoureux, où l'on assistoit à des danses, à des pantomimes obscènes. c. XI. »

Le chapitre XV recommande un chant uniforme, dans les diocèses armoricains.

Ces fêtes, ces pantomimes, ces épitalames, ce chant uniforme recommandé dans toutes les églises annoncent un peuple plutôt corrompu que sauvage; et comment en effet dans un pays non ravagé par des barbares, les sciences Druidiques et Romaines se seroient-elles entièrement perdues dans l'espace d'un demi-siècle, puisque la chute de l'Empire romain, dans la Bretagne, ne s'opéra que dans l'année 409.

NOTE IIIe.

On voit à la bibliothèque nationale à Paris un livre curieux dont voici le titre :

« L'an de grace 1485, le 3 de juillet, règnant très-haut et très-puissant prince Français, par la grace de Dieu duc de Bretagne, comte de Montfort, de Richemont, d'Estampes et de Vertus, a été parachevé d'imprimer le présent volume de coutumes corrigées et mûrement visitées par maître Nicolas Dalier, maître Guille Racine et Thomas Dutertre, avocats, etc. à Bréhant Loudeac au diocèse de Saint-Brieux, par Robin Foucquet, et Jean Cres, maîtres en l'art d'impression. "

Ce livre est sans points, sans virgules, et sans numéro.

Il est étonnant, d'après les fausses idées qu'on a de la Bretagne, de voir à cette époque une imprimerie dans une de ses petites villes.

On ne sera peut-être pas mécontent de trouver ici quelques remarques de ce livre, qui ne sont pas étrangères à mon sujet.

L'article VI indique avec qu'elle simplicité se rendoit la justice chez les premiers ducs ou rois de Bretagne. " Quant à faire jugement il convient avoir trois personnes ; c'est à savoir l'acteur, le défenseur, le juge. — L'acteur pour faire la demande, le défenseur pour faire sa défense, le juge pour faire droit. "

Art. LX. " Qui met main en son seigneur par mal et le fiert, il perd tout ce qu'il tient de lui, si le seigneur ne lui faisoit excès par avant ou autre injure, par quoi il le fiert, sur soi défendant. — " Ainsi ne debuvoit le seigneur faire vilenie n'a laidege à son homme de foi comme coucher, ô sa femme, ou ô sa fille, si la fille n'est putain publique. »

Art LXXX. « Femme est en âge à douze ans, parce que toutes malices peuvent plus en femme qu'en homme. Quant à être hors de tutelle, et la femme doit être en garde de curateur tant qu'elle soit en pouvoir de mari ou d'autre ordre, parce que son sexe est plus foible que celui à l'homme. »

LXXXIX. « La cour séculière ne peut corriger la cour d'église, mais la cour d'église si peut corriger la cour séculière. »

Art. XCVIII. « Nul ne peut être pendu s'il n'a emblé plus de cinq sols ou la value.

Art. XCIX. « Justice doit être plus émue d'absoudre que de condamner, et pour ce doit-on savoir la cause clerement, car elle doit être plus clère que estoile qui est au Ciel, dont homme est condamné à mort. »

Art. CIV. « S'il y a accusateurs, ils doivent être en prison l'un comme l'autre. »

Art. CXVIII. « Aussi ne doivent rien perdre les hoirs pour le méfait de leurs prédécesseurs, s'ils ne sont consentans du même fait. »

Art. CLVI. « Queulx sont vilains natres, de quelque lignage qu'ils soient, qui s'entremettent de vilains métiers comme être écorcheurs de chevaux, de vieilles bêtes, garezailles, truendailles, pendeurs de larrons, porteurs de pastés et de plateaux en tavernes, crieurs de vin, cureurs de chambres, qu'oyez faiseurs de clochers couverts de pierres, pelletiers, poissonniers; qu'eulx qui s'entremettent de vendre vilaines marchandises, que ce soit ménétriers et vendeurs de vent; tels gens ne sont pas dignes de s'entremettre de droits ni de coutumes. »

Art. CLVII. « Les autres roturiers peuvent témoigner, chacun a droit de demander à son voisin de l'aider à faire sa maison sous peine de punition. »

Art. XVI, XXXIV. « Justice fut établie pour charité, car si justice n'étoit, de menus-gens n'auroient de quoi vivre, car les grands et les puissans leur otassent le leur et ce qu'ils eussent gagné.

« —— Justice doit être droite et loyale plus que le cordel quand il est tendu. »

NOTE IVe.

Constitutions faites en général, parlement de Bretagne tenu à Vannes en l'an 1424. Même volume.

« Défense à tout laboureur de quitter leur charrue, pour le commerce, sous peine d'amende.

Elles ordonnent un même poids par-tout. La paie des ouvriers manœuvres étoit fixée par une loi.

Dans

Dans les édits du duc Pierre en 1451, même volume, on trouve sur l'avocat. « Qu'il ne plédoiera, ne soutiendra nulle mauvaise cause à sa savance et cognoissance et en quelque endroit du plaid qu'il lui vienne à cognoissance qu'elle fut mauvaise, il la délaissera sans plus la conduire. »

La très-ancienne coutume de Bretagne porte c. CX. « Soutenant et consentant de malfaicteurs doivent être pugnis comme malfaicteurs, excepté cousins germains et cousines, et dedans, qui ne sont pas tenus à les enseigner, ni le sang honnir. »

C. CXLI. « Nul croizé s'il n'est clerc, n'a point de privilège en cas de crime; que s'il a desservi à prendre mort qu'il ne soit exécuté par cour singulière. »

C. CXLIV. « Il appartient à tous et à toutes, quand ils trouvent mauvaises gens les prendre et les rendre à justice; et s'ils ne sont si forts ils doivent lever le cri et dire : vois ci qui a fait tel meffait, aîdez-moi; si le rendre à justice.... et qui en sera en refus, et le malfaicteur échappe en défaut de ceux, ils seront réputés coupables. »

C. CLV. « Nul vilain ne doit être cru de fait de cour, ne sur personnes nobles, ne sur fiefs nobles.

Quel commentaire ne pourroit-on pas donner

sur ce petit nombre de notes, que de détails ne fait-il pas connoître sur la simplicité des jugemens de nos bons pères ; ils les rendoient à la porte des villes, sous un chêne, sur une pierre, comme Job, comme Louis IX.

La chicane après des siècles de discussions, d'erreurs, de mauvaise foi, peut seule établir comme elle le fait chez Cicéron, chez Quintilien, qu'un avocat n'étant pas juge peut défendre la plus mauvaise cause.

Quel respect pour la justice ! elle est établie pour le faible.

La féodalité régnoit chez les anciens Bretons, mais la loi s'opposoit aux violences de l'homme puissant....

Quelle leçon pour le dix-huitième siècle, les parens, les domestiques d'une maison devoient se dispenser de dénoncer leurs proches, leurs bienfaicteurs.

Et le droit de faire rétablir sa maison par son voisin, et l'uniformité des poids, etc. etc. etc.

Tout le mal, toutes les erreures consacrées par ces lois, viennent des livres saints falsifiés des erreures religieuses et de la féodalité.

Le titre de roturier tomboit sur toute la classe des non nobles. Cependant la loi même établissoit un état mitoyen en Bretagne : c'étoit celui de ces bourgeois qu'on appelloit « de noble ancèserie; qui ont accoutumé à vivre honnêtement, et de tenir table franche comme les gentilshommes. » Ceux-ci étoient admis en témoignage, ils étoient comme bourgeois de bonnes villes, membres du parlement et des états.

Si l'homme noble se rendoit coupable envers son subalterne, il l'en dédommageoit par une amende d'après ce principe *établi par la loi*, qu'un être vil ne desire qu'argent; dans le cas contraire, le cœur du noble, gros de l'insulte qu'il avoit reçue, dédaignant l'argent, ne pouvoit être appaisé que par la punition du roturier par une longue captivité, *en ordes et vilaines prinsons*. La pauvre espèce que l'espèce humaine !

Quant aux domaines congéables établis depuis si long-tems dans le Finistère, le Morbihan, les Côtes du Nord, qu'on a si grossièrement essayé de confondre avec d'autres droits féodaux. L'histoire n'offre pas d'exemple d'un dépouillement, d'un vol aussi brutal que celui qu'autorise un décret du 27 août 1792; la fortune de plusieurs milliers d'individus, s'est trouvée détruite, pour avoir permis à des hommes pauvres de s'établir sur leurs terres, d'y travailler, d'y bâtir des édifices, d'y vivre eux et leur postérité jusqu'au moment où voulant rentrer dans la jouissance de la totalité de leurs possessions, il leur plairoit d'évincer ces fermiers en leur payant comptant le prix des améliorations faites pendant la durée des conventions. — Je rougirois d'avoir eu l'occasion de me prononcer contre le crime d'un décret surpris à la bonne foi des législateurs, et d'avoir négligé d'en dire ma pensée.

POÉSIE CELTIQUE.

Tu me fuis envain Comanna ! je te suivrai jusque dans tes bosquets sacrés, jusqu'au pied de ce chêne antique, emblême de nos Dieux augustes....

Si des exhalaisons, si des feux souterrains, si la foudre me frappent, je périrai du moins sans honte sous les coups des Dieux tout-puissans.

Ne crois pas encore m'échapper, mon ame errante dans les airs troublera ton sommeil par les sons lugubres de l'orfraie, et tes promenades solitaires, par les cris aigres des corbeaux.

Mais non ! je serai le linot que tu chéris, que tu caresses de tes doigts longs et délicats, que tu presses amoureusement de tes lèvres couleur de rose.

Comanna ! sur la terre, dans l'air et dans les cieux, hommes, oiseaux, plantes ou reptile..... insecte, insensible ou géant.... Je ne puis être sans t'aimer !

CHANT GUERRIER.

Voici le jour où vous allez combattre et dissiper vos ennemis.... Ils tomberont sous vos épées comme le bled sous la faulx du moissonneur, comme les ombres malfaisantes sous la verge sacrée des Druides.

Voici le jour où vous allez combattre et vaincre! Belenus a doré vos armes avant de porter la lumière sur les tentes de vos ennemis.

Les messagers du Ciel fuyant l'espace que couvrent leurs épais bataillons, plânent majestueusement sur vos têtes, leurs chants sont les chants de la victoire!

Voyez ces nuages épars qui coupent de leur blanc de neige l'azur brillant du firmament, ils portent l'ame des héros qui vous protègent contre les démons malfaisans.

Près de l'épée de votre général, un pied de verveine s'est élevé spontanément.... Voici le jour où vous allez combattre, et disperser vos ennemis!

Marchez au son de nos lyres, présent du ciel.... elles guident à la victoire et célèbrent les forts, soit qu'ils meurent pour la patrie, soit qu'ils rapportent en triomphe le bouclier de l'ennemi.

Entendez-vous dans le lointain la douce voix de vos épouses, le foible cri de vos enfans, les chants de vos vieux pères, et les hymnes que les Druides adressent aux Dieux bienfaisans.

Voici l'instant où vous allez combattre et disperser vos ennemis.... Déjà la frayeur les atteint. Remarquez leur marche incertaine, marchez... frappez, et vous aurez vaincu... Hommage aux puissances du Ciel.... Tout fuit, tout se débande, et le peuple des forts a terrassé ses ennemis. Rentrons dans nos foyers défendus par votre courage et par l'influence du Ciel!

LE BARDE.

Sur ce rocher noir que la mer a jadis séparé du rivage.... Sur cette roche de Pen-March près de laquelle un abyme sans fonds, reçoit les ondes comprimées et retentit d'un bruit épouvantable.

Le Barde Sindorix pinçoit une lyre d'ivoire enrichie d'or, présent des Dryades de l'île de Sein..... Tout étoit calme alors..., Et la terre et les mers.... Et la voute du Ciel éclatante d'étoiles.

Ses élèves assis étoient autour de lui, la tête nue. Une cuirasse d'argent sur un vêtement d'or et d'azur, et des souliers pentagoniques étoient leurs simples vêtemens. Ils écoutoient les merveilles du Ciel, et suivoient la marche des mondes.

L'horizon s'obscurcit.... Des nuages épais, un vent impétueux ont troublé l'atmosphère.... l'amas d'étoiles qu'on suivoit, disparoît sous des voiles sombres.... La vague interrompit le chant du barde.

Tel est l'état de l'homme sur la terre dit Sindorix avec dédain.... De massives vapeurs.... De grossières exhalaisons.... L'enveloppe matérielle qui comprime les élans de l'ame.... Ce poids qui nous retient sur ce globe pesant.... Tout commande de le quitter pour des demeures plus heureuses....

A ces mots.... Il brise sa lyre et disparoît au fond des mers....

Ses élèves désespérés le cherchent sans succès jusqu'au retour de la lumière.

Le lendemain un immense bûcher fut élevé sur le rivage.

Les Druides de ce canton.... Les Nymphes de la cour, les Bardes, les Vacies, et le peuple du voisinage firent pompeusement le tour de ce bûcher couvert de fleurs,

L'un y jette une coupe d'ambre, l'autre une harpe harmonieuse.... La nymphe y déposoit une houpe de ses cheveux.... La Dryade, son voile ou son manteau de pourpre, le Druide, son sagum blanc comme le lys de nos campagnes.

Mais ses jeunes amis, ceux qu'il dirigeoit dès l'enfance, ceux auxquels il avoit décrit les merveilles de l'Univers et la composition des mondes.... Ils s'élancent comme l'éclair et sont dévorés par les flammes.

Pleurez leur mort un jour.... On l'accorde à vetre foiblesse.... C'est assez pour l'humanité.... Mais chantez à jamais sur vos harpes et sur vos lyres ce trait d'amour et de respect.

Que ne doit-on pas à ces Bardes qui vous forment à la vertu, et vous font partager leurs hautes connoissances !

CHOEUR

LA DANSE.

La nuit lorsque la lumière vacillante de la lune éclaire de sombres bocages, épiez dans le silence les Dryades et les Couvrils, écoutez leurs chansons et retenez leurs vers. Ils chantent les merveilles du monde.

Leurs danses retracent les mouvemens des astres, soit qu'ils se lèvent, soit que leur marche paroisse un moment suspendue, soit qu'ils se plongent dans les mers.

Une de ces divinités guide rapidement autour de cette pierre aigue, le chœur brillant qui la suit en silence.... Les planettes ainsi circulent autour du soleil.

D'autres se croisent et se coupent, se quittent, se rejoignent, elles disparoissent pour se montrer encore, on les suit, elles se dérobent.... On ne les revoit plus.... Ainsi des milliers de comettes frappent l'œil un moment, tracent une courbe lumineuse et se cachent dans l'empirée.

Zéta, Zéros, Eblis ont disparu. Uranus précéda Saturne ; nous ignorons le nom des millions de dieux dont le règne un moment influença notre planette.

Que cette ignorance coupable n'existe plus dans nos colléges, décrivons le thème du Ciel, qu'il se fixe dans la mémoire à côté des faits des héros.

NOTE V^e.

J'ai décrit bien des usages anciens, des pratiques singulières. — Je les multiplierois encore si je me permettois une incursion dans les côtes du Nord et dans le Morbihan. On y retrouveroit la coutume des Samnites qui ravissoient la femme qu'ils vouloient épouser. — On y verroit le garçon d'honneur, le jour du mariage, le dos tourné, tenir respectueusement une chandelle, et ne quitter la scène qu'à l'instant où la flamme atteint ses doigts. On y verroit le village du mari disputer au village de la mariée la possession des deux époux, une lutte s'engage, les vainqueurs obtiennent un nouveau ménage et le conduisent en triomphe chez eux.

Au moment où la nouvelle mariée, à Carnac, sort de l'église, on lui présente une énorme branche de laurier, chargée de pommes, ornée de beaux rubans ; à l'extrèmité de la branche est un oiseau lié par une faveur auquel elle donne la liberté. — Pour lui rappeller ses devoirs, on lui fait present d'une quenouille qu'elle est obligée de filer.

Je n'ai point parlé de la lutte, exercice dans laquelle les Bretons l'emportent sur toutes les nations du monde.... Du bâton, dont ils se servent avec une telle adresse qu'il est impossible de les toucher avec un sabre, une épée, avec des pierres qu'on leur lance avec force ; de leurs coureurs infatigables.

Les luttes étoient données par de grands seigneurs, ou par de riches fermiers qui préparoient, qui vouloient fouler une aire à battre le grain. Dans la dernière circonstance, voici ce qui se pratiquoit. On faisoit avec cérémonie le tour de l'aire précédé, par la musette et le haut-bois, instruments principaux du pays. Le maître de la maison marchoit suivi de ses amis, ceux-ci montroient à l'extrémité d'un bâton, les présens qui devoient diminuer les frais de la fête ; des femmes portant du lait, du beurre et des moutons terminoient la marche. Tous les présens étoient livrés à l'architriclin de la fête ; on se mettoit à table où le cidre, le vin, des viandes de toute nature étoient prodigués aux convives.... On fouloit l'aire en dansant, en marquant du pied la mesure, en pressant le sol avec plus de force que dans les danses journalières....

Valentin, Del.

Lutteurs.

On se préparoit à la lutte ; les prix, taureaux, moutons, rubans, chapeaux étoient offerts à la cupidité des spectateurs....

Le maître de la maison donnoit alors aux hommes, les plus marquans de l'assemblée, des fouets à l'aide desquels la lice étoit bientôt formée ; un lutteur saisissait le taureau par la corne, lui faisoit faire le tour du champ-de-bataille, on le frappoit légèrement sur l'épaule quand on vouloit lui disputer le prix....

Les combattans s'approchent, se touchent la main, en se jurant franchise, loyauté, en attestant qu'ils n'emploieront aucun charme pour se procurer la victoire... Ils sont en chemise, en caleçons, pieds nuds, se menàcent, se tâtent, s'examinent, ils se saisissent avec force. — Il faut que le saut soit franc, que le vaincu tombe à plat sur le dos, vingt fois un des combattans touche la terre, se laisse tomber sur le côté, sur l'estomac ; on se repose, on se relève, on recommence ; enfin le plus foible succombe ; on s'élance, on enlève, on porte le vainqueur ; le prix qu'il a bien mérité lui est aussitôt délivré, son village orgueilleux le ramène en triomphe....

Il est quelquefois obligé de livrer un second combat, et garde ou perd le prix du premier avantage.

La course, le sans verd, le Colin-Maillard, les quatre coins, la main chaude. Une multitude de jeux dont Rabelais feroit une liste interminable sont en usage dans tous les coins de la Bretagne, comme ils le furent à la cour de France, à Trianon, à Chantilly et chez les peuples les plus vieux. Les rebus recueillis par le seigneur Desaccords et tous les comtes des céraignes se trouvent presque tous ici, dans leur originalité première.

La Bretagne revendique sur ma Mère-Loye et sur Pérault, les contes de la Barbe-Bleue, du Chat-Botté, du marquis de Carabas et même le Petit-Poucet.... Mais je m'arrête enfin pour ne pas révolter par tant de prétentions et d'avantages, l'orgueil des nations jalouses.

NOTE VIe.

On verra peut-être avec plaisir ma notice sur les écrivains les plus connus de la Bretagne.

Joseph Ben Goryon, écrivoit en Bretagne.

Rutilius, auteur d'un itinéraire en vers, étoit breton.

Abailard naquit à Palais, près de Nantes, en 1079.

Jean Roselin, précepteur d'Abailard.

Guillaume le Breton.

Hervé de Brayes, carme, connu dès 1291 par ses

commentaires sur le livre des sentences, et sur la logique d'Aristote.

Olivier le Breton, jacobin, écrivit sur Saint-Luc en 1310.

Hervé-Boich de Léon, fut un des meilleurs jurisconsultes du quatorzième siècle.

Jean le Bouteiller, auteur de la Somme Rurale.

Jean Carnenguy, provincial des Carmes en 1471, fit une histoire de la religion, une censure des constitutions, et un livre des eleuches d'Aristote.

Guillaume, Fort Léon, vivoit dans le quinzième siècle, il fut poète, philosophe, orateur.

Jean Méchinot, poète, étoit de Nantes.

Julien Furic a donné en 1644 un petit in-quarto sur l'usement du domaine congéable de Cornouaille.

L'abbé Choquené, licentié en droit, mort en 1774, fit l'oraison funèbre de Louis XV, et une lettre au président Ogier sur les affaires de Bretagne.

N. Abeille fut un des fondateurs de la société d'agriculture formée par les états de Bretagne, en 1756.

Albert le Grand, jacobin de Morlaix, auteur de la vie des Saints, de Bretagne; il donna une généalogie des rois et des ducs de ce pays.

Allouel, grand anatomiste, né à la Guerche, près de Rennes, en 1706.

André (Yves Marie) naquit à Châteaulin, en 1675. Il donna un essai sur le beau, traduit en plusieurs langues ; fit un traité sur l'homme, il écrivoit en vers très-agréablement. — Mort en 1764.

Anneix de Souvenel naqnit à Rennes en 1758 ; il fut célèbre comme avocat, et fit des vers.

D'argentré Bertrand, né a Vitré en 1519, on a de lui des commentaires sur la coutume de Bretagne. — Une histoire de Bretagne.

Argentré (Charles) fils du précédent. donna un troisième édition de l'histoire de Bretagne.

Argentré (Charles Duplessis d') petit fils du précédent.

Bletterie (Jean Philippe Réné de la) naquit à Rennes. — Son Tacite. — Son histoire de Julien.

Bouguer (Pierre) étoit de Croisic ; en 1736, il fit avec Godin et la Condamine, le voyage au Pérou, etc.

Bourdonnaye (Bernard François Mahé de la) de Saint-Malo, mourut en 1750, âgé de cinquante ans ; on n'a de lui qu'un mémoire sur les affaires de l'Inde.

Caradeuc (Réné de la Chalotais, né à Rennes en 1701, mort en 1785.

Cartier (Jacques) de Saint-Malo; il découvrit la plus grande partie du Canada, en 1534.

Châtelet (Paul Hay du) né à Rennes en 1593, étoit de l'académie française; on a de lui de la prose, des vers, des entretiens dans les Champs-Elysées, une histoire de Duguesclin.

Colinée (Simon de) célèbre imprimeur, élève de Henry Etienne, dont il épousa la veuve en 1521, travailloit à Bréhaut Loudéac.

Croze (Mathurin de la) étoit de Nantes, il y naquit en 1661.

Recherches sur l'ancienne langue des Egyptiens Dictionnaire arménien in-quarto, 2 vol.

Dictionnaire Egyptien.

Histoire du christianisme dans l'Inde.

Une multitude d'autres ouvrages et de savantes dissertations.

Mémoire étonnante.

Descartes, né en Bretagne; sa mère, en voyage, accoucha en Touraine, à la Haye, en 1596. Fontenelle disoit de Descartes : « Il faut toujours admirer Descartes et le suivre quelquefois. »

Descartes (Catherine) de Nantes, fit des vers.

Desforges Maillard du Croizic, mort en 1772.

Duaren François) étoit de Montcontour. Le plus fameux jurisconsulte du seizième siècle.

Eginard professa la jurisprudence à Bourges, il étoit breton.

Duclos (Pinot-Charles) naquit à Dinan en 1705. Il mourut en 1772 — De l'académie française.

Gobien (Charles le) de Saint-Malo, jésuite. Son histoire des îles Malouines in-12. 1700. Il a beaucoup écrit sur les Chinois. Mort à Paris en 1708.

Hervé (le Breton) vivoit dans le treizième siècle, mort à Narbonne en 1323. — Traité de l'éternité du monde.

Lobineau (Guy Alexis) bénédictin, né à Rennes en 1666. — Histoire de Bretagne.

Lamétrie naquit à Saint-Malo en 1709.

Neuville, sermonaire, de Vitré.

Noue (François de la) surnommé Bras-de-fer, estimé d'Henry IV, des discours politiques et militaires.

Pays (Réné le) de Nantes. — Amours, amitiés, amourettes.

Pezron (Paul) d'Hennebond, né en 1639.

Plélo (Louis-Robert-Hippolyte-Bréhaut de) ambassadeur en Dannemarck. Son Idyle sur la manière de prendre les oiseaux, etc.

Poulain

Poulain (du Parc) né à Vannes en 1701. Sa grande coutume.

Poulain (de Saint-Foix) né à Rennes en 1703, mort à Paris en 1773, frère du précédent.

Essai sur Paris, les Graces, ses lettres Turques.

Querlon (Anne-Marie-Meunier de) Critique ingénieuse. Ses petites affiches de Provinces; il étoit de Nantes.

Rohan (Henry duc de) né au château de Blois en 1579. Il fut le chef des Calvinistes après la mort de Henry IV.

Ses intérêts et maximes des Princes. Le parfait capitaine.

Traité sur le gouvernement des treize cantons, utile, agréable, intéressant.

Duguay Trouin (René) il naquit à Saint-Malo, le 10 juin 1673.

Citant à Louis XIV une de ses actions, il s'écria : « J'ordonnai à la gloire de me suivre ; le Prince lui dit, elle vous obéit. »

Il fit quelques mémoires sur la marine etc.

Maupertuis né à Saint-Malo en 1698, pris à la bataille de Molwits, il se plaignoit devant l'Impératrice, Reine, d'avoir perdu une montre de Gréham qui servoit à ses expériences. La Reine lui dit en lui donnant la sienne du même maître, mais garnie de diamans ; c'est une espièglerie des hussards, la voici.

La même Princesse disoit : « On assure que la Reine de Suède est la plus belle princesse du monde, je l'avois cru jusqu'à ce jour, dit Maupertuis ».

Bois Morand (l'abbé Chiron de) naquit à Quimper en 1680. On lui attribue les mémoires de la cour de Philippe-Auguste, donné sous le nom de mademoiselle de Lussan.

Sage (Alain-René le) naquit à Ruys en 1677, et mourut à Boulogne-sur-Mer, en 1747. Gilblas.

Tertre (Joachim du port du) de Saint-Malo, né en 1715.

Tournemine (René-Joseph de) étoit de Rennes, il mourut à Paris en 1739, jésuite — Parcourez le journal de Trévoux, homme d'esprit, rempli de vanité.

Toussaint de Saint-Luc, carme, écrivit sur la Bretagne. Histoire de Conan-Mériadec. Mort en 1694.

Trublet (Nicolas-Charles Joseph) de l'académie française, de celle de Berlin, né à Saint-Malo en 1697, mort en 1770.

Visdeloup (Claude) né en 1656, jésuite, apprend la langue et l'écriture chinoises, mort à Pondichery en 1737.

Son histoire de la Chine.

Vie de Confucius.

Eloge de sept philosophes chinois.

Chronique chinoise.

Histoire abrégée du Japon.

Bougeant (Guillaume - Hyacinthe) étoit de Quimper, il y vit le jour en 1690.

Son ouvrage sur le langage des bêtes.

Fanferedin,

Histoire des guerres et des négociations qui précédèrent le traité de Westphalie.

Histoire du traité de Westphalie.

Observations physiques.

Quelques comédies en prose.... La Femme docteur, etc.

Cheffontaines (Christophe Penfenteniou de) florissoit vers le milieu du XVIe. siècle, il mourut à Rome en 1595.

Grand théologien, il écrivit sur la théologie, il savoit le grec, l'hébreu, le latin, l'espagnol, l'italien, le français, le breton, etc.

Fréron naquit à Quimper en 1719. — Ses journaux, son esprit, sa critique, Voltaire.

Hardouin (Jean) né à Quimper en 1646, mort à Paris âgé de 83 ans.

Un des plus érudits personnages de son siècle.

Une édition de Pline le naturaliste en 5 vol. in-quarto.

La Chronologie rétablie par les médailles, 2 v. in-quarto.

C'est dans ce dernier ouvrage qu'il débita son système bizarre sur la supposition des écrits de l'antiquité.

Morice (du Beaubois dom Pierre-Hyacinthe) étoit de Quimperlé, il naquit le 26 octobre 1693, il mourut en 1750.

Son histoire de Bretagne.

Il avoit fait une histoire de la maison de Rohan en 4 volumes in-quarto, elle n'a point été imprimée.

Boisbilly (l'abbé de) étoit de Morlaix, homme plein de délicatesse et d'esprit, fit des vers avec la facilité, l'incorrection et les grâces de Chaulieu, de Chapelle et de Bachaumont, ils n'ont point été recueillis. — On connoît à Paris sa lettre de Laverdy le contrôleur.

Il expliquoit de la manière la plus vraisemblable l'histoire des onze mille Vierges fondée sur une erreur de nom. Ces vierges étoient deux, Ursule et Undecimille, leur nom écrit en latin fut la source de la fable, créée dans nos martyrologes : *Ursula et undecimille virgines.*

SUITE DES NOTES.

En 808 Charlemagne fit marcher une armée contre les Bretons armoricains. Il campa sur les bords de l'Ellé. — Il étoit encore dans son camp lorsque Matiminoc, abbé de Landevenec, vint le saluer.

Il est mention de Quimperlé dans une chronique intitulée : *Chronicon Kemperligense in Britanniâ ab anno 842 ad annum 1280*. Antérieurement à l'année 842, il existoit des ponts nécessaires pour la communication du pays des Venètes et de la Cornouaille.

Plusieurs historiens disent que l'endroit occupé par la ville de Quimperlé l'étoit jadis par un bois Druidique. On cite comme un collége de Druides l'église souterraine de l'abbaye de Sainte-Croix. On parle d'un ancien monastère fondé par un des rois bretons de Cambrie, nommé Guithiern, il avoit quitté sa couronne pour se retirer à Quimperlé, où se voit encore son tombeau.

Charlemagne ayant livré quatre batailles en Bretagne disoit : s'il me faut donner la cinquième il ne me restera plus de soldats. Matth. in vita Henrici IV.

Le pape Grégoire, pour épouvanter les Florentins, les menaçoit des Bretons qu'il avoit à sa solde.

J'ai vu sur un calice de vermeil, porté de l'abbaye de Saint-Morice à Quimperlé, cette inscription sur la tête d'un ange.

Si tu es Christus, dic nobis.

Les Bretons ont des mots différens pour désigner la chemise d'un homme ou celle d'une femme.

Rochet, chemise d'homme.

Ivis, chemise de femme.

Les nombre ont en breton un masculin et un féminin.

Masculin.		Féminin.
Daou.	— 2 —	Diou.
Tri.	— 3 —	Teir.
Pevar	— 4 —	Pedir.

Les Gallois de l'Angleterre disent ainsi :

Le breton.

Tair gwragedd.... tres mulieres.... Teir groagnes
Tri den....   tres homines.... Tri den.

Voyez leges Wallicæ. l. 4.

NOTE VIIe.

Le pape Grégoire de Rosternen, dans le discours préliminaire de son dictionnaire breton, dit :

« Ce que j'ai trouvé de plus ancien sur la langue celtique ou bretonne, ça été le livre manuscrit en langue bretonne, des prédictions de Guinclan, astronome breton très-fameux encore aujourd'hui parmi les bretons qui l'appellent le prophête Guinclan.... Il marque au commencement de ses prédictions qu'il écrivoit l'an du salut 240. Il corrige dans sa grammaire l'erreur qu'il fait dans son dictionnaire, en portant à 240 l'année où Guinclan fit ses prédictions. C'est en 450 qu'il écrivoit, demeurant entre Roch-Hellan, et le Porz-Güenn, c'est au diocèse de Tréguier, entre Morlaix et la ville de Tréguier ».

NOTE VIIIe.

Deslandes, recueil, Paris 1753, dit que près d'Auray on trouve cent cinquante ou cent quatre-vingt pierres Druidiques arrangées trois à trois, que les gens du pays nomment Lieaven ou Leek-aven. « Ils s'imaginent qu'en y allant à certains jours marqués, et y menant leurs troupeaux, ils se préserveront de toutes sortes de maladies ».

C'est à Carnac.

Le même Deslandes... *ibid.* dit dans la paroisse de Lanrivoaré, à cinq lieues et demie de Brest, est un marais qui sèche en partie dans l'été...« Sous des pierres, au milieu de l'étang, des paysans trouvèrent plusieurs coins de fonte jusqu'au nombre de deux mille. Ces coins sont creux, c'est une composition presqu'aussi dure que l'acier.

« La tradition dit à Lanrivouaré qu'il s'est livré là, une grande bataille. On y trouve un cimetière nommé des Saints ou des Sept-Mille. Lanrivoaré n'est qu'à une lieue de la mer, près du château de Trémusen, où Tannegui du Châtel prit naissance. »

J'ai vu plusieurs de ces instrumens conservés à Lesneven.

NOTE IXe.

Je n'ai point parlé dans la description du district de Carhaix, de la curieuse cascade de Saint-Darbot commune de Loqueffret, elle a deux cents pieds de chute sur une longueur de cent toises. Sa largeur est de soixante pieds, elle coule sur une montagne de granit, couverte de chênes, de hêtres, de sorbiers en s'y rendant de la Feuillée, on passe prés du château ruiné de Rusquer, ses murs sont couverts de lierre, et les bosquets du jardin, formés de vieux lilas abandonnés, la cheminée principale a douze pieds de largeur; le bassin principal est formé d'une seule pierre de granit de douze pieds de diamètres de vingt pouces d'épaisseur, et de vingt pouces de profondeur.

NOTE Xe.

Dans quelques cantons du Finistère, quand un homme grave prend la parole, les femmes tirent le pied de leur quenouille, de la ceinture et cessent tout travail, cet acte dit : « Je ne m'occupe que de vous. »

NOTE XIe.

La meilleure comédie bourgeoise ne vaut rien, mais dans les villes éloignées de Paris, il échappe à quelques actrices, à de jeunes-gens, des sons, des accens, que l'acteur blasé de grands théâtres ne peut avoir. Nos premiers comédiens, à Paris, n'offrent que des copies, parfaites à la vérité, mais on ne leur trouve jamais ce cri du sentiment, cette pudeur, cette ingénuité, une certaine nonchalance, cette timidité délicieuse que j'ai vu quelquefois sur des tréteaux à la campagne. C'est la violette des bois dont les couleurs sont moins vives, les feuilles moins fournies, qu'on ne cueille point par bouquets, mais dont l'odeur est d'une finesse, d'une fraîcheur, d'une suavité, que les plattes bandes soignées, ne communiqueront jamais.

NOTE XIIe.

Il résulte des observations que j'ai pu faire dans un hyver affreux, où la terre étoit couverte de neige et de glaçon. — Que la presque totalité du Finistère est d'un granit à gros grain, mêlé de quartz, de feld-spathe et de mica; qu'on y trouve une grande quantité d'autres granits d'un grain très-fin, propre à la sculpture, à l'architecture; ce que démontroient les façades des vieilles églises, et les ornemens qui les décorent. Que la pierre la plus communément employée par les sculpteurs, et ce qu'on nomme Kersanton en Bretagne, c'est un fort beau granitello noir, à grains très-fins, composé de quartz de horn blend, semblable au granite noir statuaire des Egyptiens. Dans quelques variétés de cette pierre le mica remplace l'horn blend. Le tems n'altère point les roses, les fleurons, les plus légers ornemens de Kersanton, quand, à ses côtés, les granits les plus dures, placés à la même époque, sont friables et décomposés. Cette pierre coupe le verre comme le diamant; elle rend un son clair quand on la frappe avec du fer; quelques parties de sa composition sont une légère effervescence avec les acides.

Ce qui n'est pas granitique est schisteux dans tout le Finistère; on y trouve de riches mines d'ardoises.

On voit beaucoup de grès quartzeux dans les environs de la Feuillée, et sur la sommité des montagnes d'Arès.

Dans les environs de Lesneven et de Scaer, les terres sont remplies de diverses espèces de quartz cristallisés avec prismes et pyramides, avec pyramides sans prismes. Les quartz sont souvent mêlés de schorls et de tourmaline dont les stries sont très-prononcées.

La mine de Poulaouen produit de beaux morceaux de schorls.

On trouve à Coray une innombrable quantité de pierres de croix très-grosses.

Le quartz amétisté se recueille dans tout le Finistère.

Mon voyage dans le pays m'a fourni une assez riche collection,

De roches schisteuses micacées.

De pyrites cristallisées, cuivreuses et cubiques, de silex gris.

De schiste noir, argileux, feuilleté.

De spath pesant, avec schystes et pyrites.

De feld-spath cristallisé, comme ceux de Baveno.

De grès analogues à celui de Fontainebleau, mais à grains plus fins.

Des pierres meulières, semblables à celles des environs de Paris.

Du fer cristallisé, chatoyant, coloré comme celui de l'isle d'Elbe, etc. etc.

On ne trouve de pierre calcaire que dans les environs de Plougastel, à l'isle Ronde, et dans les anses où des bâtimens en chargement ont jetté leur lest. — Point de coquilles sur les montagnes, rien qui puisse y démontrer le séjour des eaux de la mer.

NOTE XIIIe.

J'ai donné quelques notes sur les syrènes, on trouveroit d'autres détails dans un discours intitulé: « Les Syrènes ou discours sur leur forme ou leur figure, à monseigneur le Chancelier. Paris, Anisson 1691.

On les croit filles de Stérope, une des Pléyades.

On les fait sortir de la corne d'Achéloüs; arrachée par Hercule. Homère n'en compte que deux: Aglaophon et Thébéiope.

Des géographes placent leur séjour, près de

Pelore, l'un des trois promontoires de la Sicile.

C'est à Sorrento, patrie du Tasse, que naquit Leucosie.

Clément Alex (l. 4. strom.) donne des ailes d'or aux Syrènes.... Claudine dit que le voyageur arrêté par leur chant quittoit la vie sans regret :

Nec dolor ullus erat, mortem dabat ipsa voluptas.

Les muses, disent quelques anciens, ayant vaincu les syrènes, leur coupèrent les ailes.

Les robes des femmes à queue, traînante, s'appelloient autrefois syrènes.

Orphée, pour empêcher les Argonautes de s'y laisser surprendre, fut obligé d'employer sur sa lyre une modulation contraire à la leur.

Au parvis Notre-Dame on voit une statue ayant les pieds et la queue d'un âne, espèce d'Onocentaure, tel qu'Isaïe semble les dépeindre.

Servius a dit qu'une des syrènes chantoit, que la deuxième jouoit de la flûte, et la troisième de la lyre, opinion confirmée par quelques bas-reliefs.

On voit à Naples une médaille de Petronia, dans Fulvius Ursinus. D'un côté la tête d'Auguste ; au revers, Parthenope jouant de la flûte, elle a les jambes et les cuisses d'un coq, le corps et la tête d'une femme. Auguste restaura la ville de Naples.

Rabelais disoit des syrènes et d'autres animaux fantastiques, que les auteurs ne les ont vus que dans le pays des tapisseries.

On a la description d'un homme marin, à queue de poisson, vu le 23 mai 1671, près du Diamant, rocher au sud de la Martinique, par deux français et par quatre nègres qui, séparément interrogés, ont fait le même rapport.

M. Desponde fait mention d'un homme marin et d'une femme de son espèce pris en même-tems, la femme survécut de deux ans à l'homme, elle apprit à filer.

On a vu un homme marin près de Bellisle, en Bretagne.... Nicolas Rimber rapporte que la famille des Marini, en Espagne, descend d'un Triton.

Je ne peux mieux terminer les savantes recherches que par une chanson originale qui fait l'amusement des matelots bretons ;

AIR : *Stila qu'à pincé Bergopsom.*

I.

Un capitaine de vaisseau	(bis.)
Qui s'étoit embarqué sur l'eau.	(bis)
Un jour fumant à sa fenêtre	
Vit un homme marin paroître.	

II.

Il avoit le nez, le front grand,	(bis.)
Et tout le reste à l'avenant,	(bis.)

Il avoit l'air d'une per*sonne*,
Hors qu'il étoit bien plus bel *homme*.

III.

PRÈS du vaisseau il s'approchoit,   (bis.)
Devinez ce qu'il y voyoit,   (bis.)
D'une syrène la figure
Qui étoit peinte en esculpture.

IV.

IL la voyoit, il la r'gardoit,   (bis.)
Se remuoit, se trémoussoit,   (bis.)
Bref, il donnoit en témoignage
Qu'il la vouloit en mariage.

V.

MAIS il survint un matelot,   (bis.)
Qui s'étoit armé d'un tricot,   (bis.)
Il vous lui en f.... d'une touche,
.... Les gens de mer sont bien farouches !

Un des êtres les plus extraordinaires que j'aie trouvé dans le Finistère est une espèce de sauvage connu sous le nom de Philopen ; on le crut long-tems un homme abandonné, par un bâtiment russe, on ne connoissoit ni ses parens, ni le lieu de sa naissance, il erroit de rochers en rochers sur la côte de Penmarck, se nourrissant de poissons crûs, des chiens, des animaux qu'il pouvoit saisir, échappant à l'approche des hommes ; il habitoit dans le creux des rochers, dans les cavernes du rivage ; rien n'égaloit sa force, sa légéreté. Il s'est un peu civilisé. Sa demeure, à quelques pas de la mer, a près de cinq pieds d'élévation, elle est faite de pierres brutes, couvertes d'un toît de jonc, son mobilier est composé d'une table, d'un banc, d'une poêle, d'un pot de fer, d'une cruche, et quelques écuelles de bois. — Il couche auprès de sa moitié, sur la terre, couverte d'un peu de paille et de goémon, des lambeaux de toile à voile naufragés servent de couverture ; ils reposent leur tête sur un caillou enveloppé d'un sac de grosse étoupe.

Depuis qu'il communique avec les hommes, depuis qu'il participe à leurs fêtes, à leurs travaux, il s'est fait aimer, rien de serviable, de bon, comme ce sauvage duquel pourtant on menace encore les petits enfans. Il n'a jamais frappé personne, même dans l'ivresse à laquelle il s'abandonne volontiers. A la lutte, dans la Bretagne, il n'a point trouvé de vainqueurs ; on assure que dans sa jeunesse il prenoit un lièvre à la course.

Philopen est d'une constitution que rien n'altère, il brave presque nud, toutes les intemperies des saisons, il ne porte ni bas, ni souliers ; sur sa tête est un mauvais bonnet, sur ses épaules tantôt un manteau de toile gaudroné, tantôt quelques morceaux du jupon de sa femme, ou des haillons dont on lui fait présent.

On s'amuse encore quelquefois à lui faire manger des poules vivantes, de petits chats ou des lapins cruds, il rejette autant qu'il le peut et le poil et la plume qui le font tousser, mais il en avale beaucoup; pour le remettre à ces repas de sa première jeunesse, il faut qu'il boive beaucoup de vin et d'eau de vie.

Le commissaire du pouvoir exécutif, Loedon, homme plein d'esprit et de talens, m'écrivoit il y a trois ans : ″Thomas yvin, (dit Philopen) demeurant à Saint Guenolé, section dépendante autrefois de Beuzec, cap Caval, est aujourdui attaché à la commune de Penmarck; il est originaire de Treguennec, a peu de distance de Saint Guenolé; il a soixante-dix-huit ans, sa taille est de cinq pieds cinq pouces, sa tête fort grosse, ses cheveux cotonnés, son teint bazanné, ses yeux petits et vifs, ses épaules larges, son buste fort gros jusqu'aux lombes où sa structure commence à s'éfiler; il est singulièrement nerveux, fort et robuste, et velu jusqu'au bout des ongles....

« La première fois que je le vis, je me figurai un habitant des bords de l'Orenoque, du grand lac ou de la baye d'Hudson, il ressemble à quelques sauvages que j'ai vus il y a quarante ans, à Paris, restés à la suite de la célèbre ambassade d'Iroquois conduits, dans le tems de la régence, par le jésuite Charlevoix,

Charlevoix, célèbre par sa belle histoire du Canada.

NOTE XIV_e.

J'ai trouvé dans un manuscrit chargé de pensées détachées et de pièces de vers, à K.... près Quimperlé, quelques idées exprimées avec concisions, que je vais transcrire.

Si vous voulez plaire au Paon, parlez peu de son plumage; vantez ses pattes.

Dieu seul peut se connoître, dit le théologien.... et voici son portrait.

On exagère ses imperfections, pour faire passer l'éloge de ses vertus : comme on montre une égratignure, pour étaler un diamant.

L'homme savant qui parle, ressemble à l'homme généreux qui donne : cependant le pauvre tend la main, et l'ignorant ferme l'oreille.

Le suicide jette un fardeau qui l'accable, laisse son bien à ses héritiers, sa place à son survivancier, sert à de nouvelles combinaisons, développe de nouveaux germes.... Il n'a détruit que ses douleurs.

L'homme fier s'abaisse jusqu'à son inférieur, pour se placer au-dessus de son égal.

Si l'homme fut créé le roi des animaux, convenons que le tygre et le lion, sont des sujets bien indociles.

Pourquoi l'amour est-il communément si peu durable ? c'est que plus on s'approche, mieux on se connoît.

Les beaux jours sont là.... On ne les voit pas, on les sent.

Tout peut occuper l'ame ; l'amour et l'amitié peuvent seuls la remplir.

Le génie produit sur le commun des hommes l'effet d'une musique savante sur les oreilles d'un Hostentot : elle l'étourdit.

J'évite la plupart des hommes, non par orgueil, mais pour le fuir.

Une merveille pour un flatteur.... C'est un homme sourd à sa voix.

L'avare même est sensible à la flatterie ; mais seul il ne lui paie pas un tribut.

Pourquoi les poètes ont-ils si peu de fortune ? c'est que personne n'a besoin d'eux pour faire la sienne. On ne ramasse point de vermisseaux pour le rossignol ; on donne des chardons à l'âne.

Voulez-vous qu'on rende justice à vos talens, paroissez pauvre chez le financier, roturier chez les grands ; sans graces aux yeux des gens du monde.... Il faut qu'on se reconnoisse un point de supériorité sur vous, pour qu'on vous en accorde un sur les autres.

Si les prétendus philosophes savoient aimer la médiocrité.... Ils ne déclameroient pas tant contre les riches et la fortune.

Tel homme prodigue les conseils pour vous apprendre à vivre, qui ne donneroit pas un écu pour vous empêcher de mourir.

Si vous voulez me rendre heureux, faites que ce soit à ma manière, et s'ils blessent mon odorat, ne me prodiguez pas les parfums d'Arabie.

Il n'y a pas d'hommes qui ne devint savant, si l'on n'enseignoit que les vérités nécessaires.

La contradiction, être les mœurs et les principes apparens des anglais, s'explique.... Ils pensent avec la sagesse des tems, ils agissent avec leur caractère.

Il est une époque où les Nations laissent les détails et ne gardent que des résultats; comme d'Alembert auroit oublié l'arithmétique, et Voltaire les règles de la grammaire.

Je n'ai point vu de bonne réponse à de bons vers : c'est que le génie parle et que la complaisance ou le devoir répondent.

Les passions pénètrent chez l'homme comme l'ami dont il ne peut se défier, ou comme l'ennemi qui le surprend. — Comment leur résister ?

La magnificence est le moyen d'un fat, pour attirer les yeux d'un sot.

La poésie voyagea jusqu'en Laponie, pour consoler ses habitans de l'absence du soleil.

Toute déclamation contre la raison, est suivie d'un paradoxe déraisonnable.

Contraindre la pensée, la plume, ou la langue de l'homme : c'est l'obliger à une fausseté habituelle ou à un silence impossible.

Un systême nouveau chez les philosophes ne produit guères plus d'effet chez moi, qu'une mode nouvelle.

Supprimez les loix contraires à la nature, ou vous nécessitez le crime.

La loi qui fait couler le sang familiarise avec le sang. L'échafaud est l'école de l'assassin, comme les boucheries sont l'école des bourreaux.

L'instinct n'est que le résultat de nos premières expériences.

La force du sang est le souvenir de nos premiers plaisirs, le premier acte de la reconnoissance.

Le plus inconséquent des hommes est celui qui n'est pas indulgent.

Le français ne paroît léger aux autres peuples que parce qu'il conçoit avec facilité, ce qu'ils calculent avec peine.

Newton qui soumit l'Univers à ses calculs, n'eût

pas deviné les tours de Comus ..... O tête de l'homme !

Nous échappons à la paresse : mais nous y revenons toujours.

Le chêne le plus majestueux, marque moins dans une forêt, qu'un baliveau dans un taillis, etc. etc.

NOTE XVe.

On trouve encore des hommes qui nient l'identité de la langue des bretons armoricains, et de celle des habitans du pays de Galles, et de la Cornouaille en Angleterre : et cependant ils peuvent lire la multitude d'articles du Dictionnaire de D. Louis le Pelletier, où les mots rassemblés par Davies sont rapprochés des mots bretons, et démontrent cette identité. Ils peuvent lire le Brigand, Baxter, Sulmich, Bochart, Wacter, le P. Perron, Leibnitz, etc. Ils seront convaincus que toutes les langues de l'occident et du monde, peut-être, ont une même origine. Sans doute, par-tout où des familles se trouvèrent établies, elles convinrent de certains sons, de certains gestes pour se communiquer leurs besoins et leurs pensées.... et formèrent des jargons divers ; mais une langue ne s'établit qu'avec peine, à la longue, dans un pays peuplé d'hommes assez forts pour résister aux attaques de leurs voisins, aux nomades qui parcouroient le monde : et quand cette langue fut fixée, qu'elle eut ses règles, qu'elle put rendre clairement tout genre d'idées, quel progrès ne dût pas faire dans le monde ce premier instrument de l'esprit humain. Il pénétra par-tout, de proche en proche, comme la peinture, la sculpture, l'écriture, les armes, l'imprimerie, comme cette multitude d'inventions qui servirent les besoins de l'homme, et malheureusement ses passions.

On n'a pas assez réfléchi sur l'effet des grandes inventions sur la terre. Avec quelle facilité dût conquérir l'Univers, le premier peuple qui se servit d'épées contre les bâtons des sauvages.... L'inventeur du fer.... etc.... etc.... J'indique un travail qu'il seroit intéressant d'approfondir.

NOTE XVIe.

Un ouvrage intitulé : *Leges Walliæ Hoeli boni, et aliorum Walliæ principum quas ex variis codicibus manuscriptis eruit interpretatione latina : Guilelmus Woltonus adjuvante Mose Gulielmo.*

Londini typis Gulielmi Bowyer 1730, in-folio, démontre jusqu'à l'évidence que la langue du pays de Galles, dans le dixième siècle, étoit celle qu'on parle encore aujourd'hui dans notre Bretagne gauloise. Je n'ai pas eu recours pour m'en convaincre à ces hommes qui savent tout plier au système qu'ils ont adopté ; l'homme des champs, l'homme de la côte du Léonois entendoient avec facilité les deux tiers des mots employés dans les loix d'Hoël. Ce travail m'a fourni l'occasion de connoître, par un ouvrage authentique, quels étoient les usages, les mœurs, les moyens, l'industrie des peuples de la province de Galles, à cette époque et par induction, ceux des petites souverainetés établies dans l'Angleterre et dans la Gaule, dans un siècle presque inconnu.

L'époque des loix d'Hoël-le-Bon est incertaine, il paroît qu'elles furent promulguées de 940 à 944.

On y trouve des règlemens sur la fabrication des monnoies.

Les loix par un décret d'Hoël ne pouvoient être changées. *Nisi communi consensu et populi et domini.*

La cour particulière du roi étoit composée de seize officiers, celle de la reine de huit; elle avoit vingt-un femmes à son service.

Le *Musicus domesticus*, étoit le huitième des officiers du prince.

Quand la reine vouloit entendre dans son lit quelques chansons, le musicien étoit obligé d'en chanter trois, mais d'une voix douce, pour ne pas troubler la cour.

Il recevoit une harpe du prince, et de la princesse un anneau d'or, aux trois grandes fêtes de l'année.

Il avoit droit d'être assis à la table du roi; le préfet du palais pouvoit le faire chanter toutes les fois qu'il en avoit la fantaisie.

Les filles du musicien avoient le rang des filles du médecin de la cour.

Si quelqu'un lui donnoit la mort, il payoit cent vingt-six vaches d'amendes.

Aux trois principales fêtes de l'année, le préfet du palais présentoit la harpe au musicien.

Status hominum in Wallia est triplex regis, generosi et Wassalli ignobilis cum membris suis.

Le chapelain siégeoit au feu, en face du prince; il bénissoit les mets, récitoit l'oraison Dominicale. Ses terres étoient exemptes d'impositions, il en coûtoit douze vaches à celui qui lui donnoit la mort. Il avoit quatre deniers par affaire pour laquelle le roi apposoit *son sceau*.

De principe designato.

Cibus et potus illi dabuntur sine mensura : et omnia quibus opus habebit illi regiis sumptibus suppeditabuntur, etiam usque ad oblationes.... Equos quoque canes annulos, gemmas arma a rege accipiet ; de quibus nemini aliquid dabit absque licentia regis.

Le prince nommoit son successeur parmi ses parens, nommés *membra regis*.

Officialibus ter in anno jure debentur vestimenta lanea a rege et lintea a regina, nempe natalitiis Paschate et Pentecosta.

Dans l'absence du roi, le préfet du palais tenoit sa place.

De præda ex regione extera duplex præfecto palatii dabitur.

Præfectus palatii, sacerdos domesticus, et judex aulicus ne pouvoient jamais quitter le roi.

Cum præfectus aucupum accipitrem demiserit (ad respiendam prædam) stapetem ejus rex tenebit et cum descendebit et cum conscenderit si nullus alius adstiterit.

Si anceps cæperit unum ex avibus nobilibus absente rege, tunc quam primum in aulam intraverit et avem ostenderit rex illi assurget et si non assurexerit dabit aucupi vestimentum quo induitur.

La profession de médecin ne paroit pas, à cette époque, avoir été séparée de celle de chirurgien; on employoit des onguens, des herbes et la saignée.

Le cuisinier du prince avoit toutes les peaux des bêtes; il employoit *piper* et *aromata*. Ses filles étoient dans la classe des filles du musicien, et du docteur en médecine.

Le divorce étoit permis par les loix d'Hoël-le-Bon.

Si mulier stuprata lege cum illo agere velit; membro virili sinistra prehenso et dextra reliquiis sanctorum imposita, juret super illas quod is per vim se isto membro vitiaverit et quod dedecus et contumeliam sibi et genti suæ et domino intulerit. (Tunc ipsa de jure suo nihil amittet).

Filia de bonis paternis dimidium tantum habebit quantum frater ejus.

Vere et autumno forum clauditur et istis duobus temporibus opera datur ne aratio vere, et messis autemno detrimentum caperent.

Le roi siégeoit pour rendre la juctice, *dorso soli vel tempestati obverso ne sol vel tempestas ei sint incommodo.... Quicumque silentium interruperit tribus vaccis vel 180 denariis multabitur.*

Bona naufraga quæ ad littus regis pervenerint regis sunt. — Si les vaisseaux naufrageoient sur les terres des ecclésiastiques, ou des nobles, ils partageoient avec le prince.

On n'avoit pas le droit de vendre sa terre sans la permission de son seigneur; mais on pouvoit la louer sans permission.

La lance d'Hoël-le-Bon avoit dix-huit pieds de long.

Rex exercitum peregre non ducet, nisi semel in anno, nec ibi manebit ultra sex septimanas.

Post annum duo decimum completum signa, puber-

tatis apparebunt et tempus erit illam viro collocandi. Si autem ex-illo tempore viro non fuerit collocata, ipsa facultatem suarum dominium habebit et viro se ipsam collocare poterit.

Testiculorum duorum pretium idem est ac novem membrorum parium.

Pretium linguæ idem hac horum omnium membrorum.

Tria sunt quibus generosus carere non debet, cithara, teges et lebes.

Tria sunt quæ legionem vastant, licet illis carere non possit. Dominus, sacerdos et lex.

Tria sunt fundamenta sapientiæ.

1°. Puerilis juventas, ad addiscendum.
2°. Memoria, ad conservandam doctrinam.
3°. Et prudentia adultæ ætatis, ad pronuntiandum.

Il faudroit copier cet ouvrage original, pour donner une idée complette de la simplicité, de l'étrangeté des mœurs de ce siècle et de l'opposition qui règne entre cette simplicité, des premiers âges, et les arts qui paroissent en vigueur à cette époque, où l'Europe sembloit couverte d'ignorance et de ténèbres, on y voit *annulli*; *abacus lusorius*; — *Fabri ferrarii instrumenta*; *forceps*; *malleus*; *lima*; *hasta*; *mola*; *arcus*; *sagittæ*; *bipennis*;

gladius cujus capulus est auratus vel argentatus; scutum coloratum; scutum aurei, vel argentei; vel cerulei coloris; sella deaurata; — frænum auratum; fræna alia colorem stanni referentia vel nigra, vel coloris ærei; frenum argentatum; calcaria aurea, argentea; stapetes aurati; stapetes ænei vel nigri; sudaria dorsuale; tibialia; ocreæ; calcei corregiati; cothurni; cintura braccarum; pedica ferrea; camisia cum braccis; peplum linteum; vitta; redimiculum pallium, etc. etc.

Une dissertation bien faite sur les loix d'Hoël-le-Bon, seroit un ouvrage précieux.

NOTE XVIIe.

Outre l'ouvrage du prophête Guinclan, écrit en vers bretons rimés, les Bretons ont dans leur langue :

1°. Une Bible, qui contient tous les livres canoniques, imprimée à Londres, au commencement du seizième siècle.

2°. Les Statuts synodaux du diocèse de Léon, des treize, quatorze et quinzième siècles, manuscrit sur vélin.

3°. La Passion et la Résurrection de J.-C., tragédie, imprimée à Paris, chez Quillevéré, rue de la Bucherie, en 1530.

Une multitude de Cantiques, de Miracles, de Vies de Saints, imprimés principalement à Vannes, à Tregnier, à Quimper.

Des Dictionnaires; des Grammaires, etc.

NOTE XVIIIe.

A l'époque où la Convention ordonnoit la fabrication du salpêtre sur tous les points de la République, le district de Quimper s'en occupa aussi, et quoique le sol de son territoire contienne, en général, beaucoup plus d'argile et de silice que de terre calcaire, il ne laissa pas de fournir à la République plusieurs milliers de très-bon salpêtre. En parcourant le district pour chercher des terres salpêtrées, on découvrit sur l'un des pilliers intérieurs de l'église paroissiale de Pennemark, à quatre lieues sud-ouest de Quimper, une assez abondante efflorescence saline qui y existe encore; c'est du carbonate de soude très-pur. Cette église, qui n'est pas neuve, est située dans un pays plat, découvert, bordé par une mer hérissée de rochers, et que de fréquens nauffrages ont rendu trop célèbre. La pierre calcaire dont elle est construite a été prise dans les nombreux blocs de granit qui couvrent la grève de cette partie de la côte, connue sous le nom d'*Etaux de Pennemarck*, et qui n'en est pas très-éloignée. Ces pierres, qui pendant des siècles ont été abreuvées des eaux de la mer, contenoient sans doute du sel marin; la chaux qui a servi à les lier pour construire cet édifice, s'est emparée de l'acide muriatique de ce sel, et a formé un muriate de chaux qui a coulé le long des parois extérieurs de la pierre : cependant, l'acide carbonique qui se développoit dans un lieu dont l'air étoit souvent stagnant, s'est combiné avec la soude devenue libre, et a donné lieu à cette efflorescence qu'on voit aujourd'hui. Voilà, au moins, ce qu'on peut imaginer de plus probable sur ce phénomène, Il est d'autant plus remarquable qu'il est le seul connu jusqu'ici dans ce pays. Ce n'est pas qu'on ne puissent regarder le terrein du ci-devant district de Quimper comme abondant en matières salines de diverses espèces, mais le climat en est si humide que les pluies entraînent ces sels à mesure qu'ils se forment, et il est très-probable que s'il y pleuvoit plus rarement, on trouveroit que le sol y donne naissance à plusieurs sels; en voici un exemple. A la suite d'une sécheresse de quelques semaines qui a eu lieu ici pendant les mois de pluviôse et ventôse, an V, on a trouvé à une demi-lieue de Quimper, au bord de la rivière d'Odet, sur la surface verticale d'une roche granitique, qui paroît en état de décomposition, une légère efflorescence de sulfate de magnésie, que les pluies survenues ont bientôt fait disparoître.

NOTE XIXe.

On lit dans un mémoire manuscrit du médecin Duquesne, adressé au département du Finistère :

Les épidémies sont rares dans le Finistère....

On y voit peu de marécages, et l'air est agité sans cesse et purifié par des vents violens.

Brest, au retour des grandes escadres, peut être le foyer des épidémies les plus dangereuses. — Les navigateurs rentrent dans leurs familles avec les habits qu'ils portoient étant malades à bord. — On vend souvent à Brest, les vêtemens des morts, sans les avoir lavés. — En 1780, un jeune homme de Pol-Léon débarqua du Pégase, attaqué d'une fièvre maligne pestilentielle. — Sa mère touche ses vêtemens, elle meurt ; trente de ses parens tombent malades, beaucoup d'entr'eux perdent la vie.

La fièvre pestilentielle, apportée par l'escadre de Dubois-de-la-Motte, du général d'Orvilliers, de Villaret, étoit une fièvre purpurale, connue à l'Hôtel-Dieu de Paris. — Cette maladie est inflammatoire, putride, accompagnée de métastase laiteuse sur le système intestinale, elle terminoit la vie par la gangraine, le quatrième ou cinquième jour ».

Il existe cependant quelques maladies épidémiques particulières dans quelques communes du département : discenteries putrides, pleurésies inflammatoires, fièvres pourprées, etc. — L'automne est l'époque de ces épidémies locales....

Les remèdes que la saine médecine emploie dans ce pays sont : l'émétique sous toutes les formes, les entelmentiques, les boissons farineuses, miellées et acidulées ; les évacuans, les vessicatoires, les toniques indigènes et le quinquina. — Régime et purification de l'air par le souffre.

Les précautions sages qu'indique le citoyen Duquesne, pour prévenir le mal qu'il n'est pas facile de détruire, devroient être suivies partout. Il conseille aux Bretons des campagnes de ne plus vivre sous le même toît avec leurs bestiaux. — D'éloigner de leurs maisons les marres où pourissent leurs fumiers. — De multiplier les bains dans leurs hôpitaux ; d'entretenir plus de propreté dans les vaisseaux ; de faire baigner les convalescens qui quittent l'hôpital ; de ne revendre les habits des morts qu'après les avoir purifiés, etc. etc.

La gale, et les maladies scrophuleuses sont communes en Bretagne, ainsi que les fièvres inflammatoires vermineuses, catharales, séreuses, et que la pthisie pulmonaire.

« Le territoire du Finistère, contenant beaucoup de pyrites martiales, sous l'état vitriolique, il s'y trouve une grande quantité de fontaines minérales, froides, qui contiennent une terre martial en dissolution, à l'aide d'un gaz méphitique très-fugace, qui en facilite le précipité ;

il en existe plusieurs aux environs de Morlaix, une entr'autres, dont l'analyse a été faite en 1779, avec exactitude, et dont les officiers de santé ont souvent prescrit l'usage avec succès dans les maladies qui intéressent le symptôme glanduleux du bas-ventre ; toutes ces eaux contiennent plus ou moins de parties métalliques, en raison des saisons plus ou moins pluvieuses ».

NOTE XXe.

Je n'ai pu résister au plaisir de donner ici une jolie pièce de vers, du représentant R...., de Landerneau.

LA ROSE.

Dans l'isle de Cypris, si j'avois un bosquet,
    J'y cultiverois une Rose ;
Si dans le Champs-de-Mars je portois le mousquet,
    Je me ferois nommer la Rose ;
S'il manquoit une sainte au ciel de Mahomet,
    Je dirois, prenez Sainte Rose.
S'il falloit un refrein pour un joli couplet,
    Je chanterois, Cueillons la Rose.
Oui, tout est séduisant, tout intéresse et plaît,
    Tout est charmant dans une Rose.
Pour orner la bergère en un simple corset,
    Que faut-il ? Un bouton de Rose.
Si la pudeur s'unit par un si doux attrait,
    C'est sous l'emblême de la Rose.
Des vers d'Anacréon que n'ai-je le secret !
    J'immortaliserois la Rose.

Tome III.

Sur l'autel de l'Amour ma main ne bruleroit
Que des pastilles à la Rose.
A Vénus chaque jour j'offrirois un bouquet,
Et ce seroit toujours la Rose.
Peut-être enfin devrois-je à ce culte discret
Quelque rêve couleur de Rose.

NOTE XXIe.

Je crois utile de donner ici le nom des plantes qu'on trouve le plus communément dans le Finistère. Ce travail étoit plus soigné.... J'y distinguois les plantes indigènes, des plantes étrangères.... Mes notes ont été perdues. Je craindrois, en n'écoutant que ma mémoire, de répandre quelques erreurs.

Je ne parle point des plantes exotiques, cultivées dans le jardin botanique à Brest, par le citoyen Laurent, de celles que le citoyen Dubosq, professeur d'histoire naturelle, à Quimper, fait soigner dans le jardin de l'Ecole centrale. L'intelligence de ces deux botanistes aura bientôt naturalisé, dans la Bretagne, tous les arbres, toutes les plantes que le climat venteux de ces contrées pourra nourrir....

Plusieurs naturalistes se sont plaints de n'avoir aucune description, aucune nomenclature des produits de la Bretagne. Je me détermine, en attendant un travail plus régulier, à donner cette liste informe.

PLANTES DU FINISTÈRE.

A.

Achillea mille folium.
Asculus hyppocastanum.
Aconitum napellus.
Acorus calamus.
Adiantum capillus veneris.
Agrimonia officinalis.
Agrimonia eupatoria.
Agrostema littago.
Ajuga piramidalis.
Ajuga reptans.
Althea officinalis.
Alisma plantago.
Alchemilla vulgaris.
Alopecurus agrestis.
Alopecurus leniculatus.
Alopecurus pratensis.
Anagallis cærulea.
Anagallis phœnicia.
Anagallis Tenella.
Amœthum fœniculum.
Angelica arcangelica.
Angelica sylvestris.
Anthoxantum odoratum.
Anthirrinum bipunctatatum.
Anthirrinum etatine.
Anthirrinum linaria.
Anthirrinum majus.
Apium grave olens.
Apicum petroselinum.
Arenaria peploïdes.
Arenaria rubra.
Arctium lappa.
Arthemisia absinthium.
Arthemisia vulgaris.
Arum dracunculus.
Arum divaricatum.
Arum vulgare.
Asphodelus ramosus
Asplenium scolopendrium.
Asperula cynauchica.
Atriplex argentea maritima.

Atriplex hortensis.
Atropa bella dona.
Avena elatior.
Avena sativa.

B.

Ballota nigra.
Bartsia viscosa.
Bellis perenius.
Belula alba.
Belula alnus,
Berberis vulgaris.
Betonica officinalis.
Borrago officinalis.
Brassica oleracea.
Brassica napus.
Brassica rapea.
Brionia alba.
Briza minor.
Bromus arvensis.
Bunias cakile.
Bunium bulbocastanum.
Buxus semper virens.

C.

Cactus flagelli formis.
Cactus opuntia.
Campanula hæderacea.
Cannubis saliva.
Carduus lanceolatus.
Cardamine pratensis.
Cardiaca.
Carex.
Centaurea calcitrapa.
Centaurea cyanus.
Centaurea jacea.
Cercis siliquastrum.
Chelidonium glacium.
Chelidonium majus.
Chenopodium bonus henricus.
Cheniantes trifoliata.
Cheirantus annuus.
Cheirantus nicanus.
Chrysanthemum leucanthemum.
Chrisanthemum ligelune.
Cicuta virosa.

Cichorium inlybus.
Cinara hortensis.
Ciperus odoratus.
Circæa lutetiana.
Cistus villosus.
Cistus gustatus.
Cochlearia coronopus.
Cochlearia groenlaudica.
Cochlearia maritima.
Cochlearia officinalis.
Comarum palustre.
Convallaria mayalis.
Conium maculatum.
Convolvulus arvensis.
Convolvulus soldanella.
Convolvulus sæpium.
Corrigiola littoralis.
Cornus mas.
Corillus avellena.
Cotyledon ombilicus.
Cuscuta Europea.
Cucubalus beheu.
Cratægus oxyaehanta.
Crithmum maritimum.
Cynoglossum officinale.
Cyperus flavescens.

D.

Dactilis glomerata.
Daphne laureola.
Daucus carota.
Digitlais purpurea.
Dipsacus silvestris.
Draba verua.
Drosera rontondi folia.

E.

Echium vulgare.
Ephedra distachia.
Epilobium augusti-folium.
Equisetum fluviatile.
Erica vulgaris.
Erigeron grave olens.
Erigeron acre.
Eryngium maritimum.
Eryngium campestre.

Erysimum barbarea.
Erysimum maritimum.
Erysimum officinale.
Eupatorium canna binum.
Euphorbia maritima.
Euphorbia maculata.
Euphorbia paralias.
Euphrasia officinalis.

F.

Fennaria officinalis.
Fagus silvatica.
Fagus castanea.
Filago.
Fragaria vesca.
Fraxinus excelsior.

G.

Gallium verum.
Gallium apparine.
Geranium moschatum.
Geranium robertianum.
Geranium circularium.
Geranium sanguineum.
Geranium rotundi-folium.
Genista scoparia.
Genista spartenus.
Gladiolus communis.
Gnaphalium stechas.
Glechoma hedere folia.

H.

Heliotropium peruvianum.
Helleborus viridis.
Hedera helix.
Herniaria hirsuta.
Hieracium pilosella.
Hieracium murorum.
Hipericum ascirum.
Hipericum androsenum.
Hipericum perfoliatum.
Hissopus officicinalis.
Hordeum muricum.

Hordeum vulgare.
Humulus lupus.
Hyosciamus niger.

Hiacinthus.
Hyosciamus albus.

I.

Ilex acui folium.
Illecebrum verticilatum.
Imperatoria ostrutium.
Iasione montana.
Iuniperus communis.
Iuniperus sabina.

Inula helenium.
Inula christmoïdes.
Iris fatidissima.
Iris pseudo-acorus.
Iuncus acutus.
Iuncus campestris.

L.

Lanium album.
Lamium purpureum.
Lavandula spica.
Lavandula sthecas.
Laurus nobilis.
Leolodon taraxacum.
Leomerus cardiaca.
Lilium candidum.
Licopodium clavatum.
Linum usitatissimum.
Lolium annuum.

Lolium perenne.
Lonicera caprifolium.
Lotus angustissimus.
Lotus corniculatus.
Lotus ornithopoësides.
Lythrum salicaria.
Lychnis dioïca rubra.
Lysimachia nummularia.
Lycopodium celaginoïdes.

M.

Malva rosea.
Malva alcea.

Malva sylvestris.
Malva rotondi-folia.

Malva moscata.
Marrubium vulgare.
Marrubium album.
Matricaria camomilla.
Melissa calamenta.
Melissa officinalis.
Menta pulegium.
Menta piperita.
Menta rotondi folia.
Menta arvensis.
Mengantes trifoliata.
Mercurialis perennis
Mercurialis annua.
Momordica elaterium.
Morus nigra.
Murchantia poly-morpha.
Melampyrum arvense.
Mespilus germanica.

N.

Nepeta cataria.
Nicotiana tabacum.
Nigelle arvensis.
Nymphea alba.

O.

Orobanche major.
Œnante phellandrium.
Onononis arvensis.
Origanum vulgare.
Origanum majorana.
Ornitapus perpusillus.
Osmunda regalis.
Osmunda spicans.
Ophrys spiralis.
Oxalis acetosella.
Oxalis corniculata.
Oxalis flava.
Orchis mascula.
Orchis maculata.

P.

Pœonia officinalis.
Papaver rheas.
Papaver somniferum.
Parietaria officinalis.
Prysalis alkekengi.
Pinguicula alpina.

Pinus abies.
Pinus canadensis.
Pistacia trifolia.
Plantago major.
Plantago Lauceolata.
Plantago coronopifolia.
Polemonium cæruleum.
Polygala vulgaris.
Polygonum convolvulus.
Polygonum bistorta.
Polygonum maritimum.
Polygonum fogopyrum.
Polygonum ariculare.
Polygonum hydropipes.
Polygonum persicaria.
Polypodium vulgare.
Polypodium silix mas.
Populus nigra.
Populus balsamifera.
Portulaca oleracea.
Poterium sangui sorba.
Potentilla argentea.
Primula veris.
Prunella vulgaris.
Pulmonaria officinalis.
Pulmonaria latifolia.
Punica granatum.

Q.

Quercus suber.
Quercus robur.

R.

Raphanus raphanistrum.
Rhamnus catharticus.
Rheum rhaponticum.
Reseda lutea.
Reseda odorata.
Rheum rhabarbarum.
Rhus coriaria.
Ricinus communis.
Robinia pseudo-acacia.
Rosa eglantina.
Rosa gallica.
Rumex patientia.
Rumex sanguineus.
Rumex aquaticus.
Rumex acetosa.
Rumex acetosella.
Ruta grave olens.
Rammeulus lingua.

Rammeulus ficaria.
Rammeulus repens.
Rhammus fraugula.
Rhinantus crista-galli.
Ribes rubrum.
Ribes nigrum.
Rosmarinus officinalis.
Rubia tricetorum.
Rubus fruticosus.
Ruscus aculeatus.

S.

Salicornia fructicosa.
Salicornia herbacea.
Salix babylonica.
Salsola vermiculata.
Salix alba.
Salsola kali.
Salvia officinalis.
Salvia Sclarea.
Sambucus ebulus.
Sambucus niger.
Sanicula europea.
Saponaria officinalis.
Saturcia hortensis.
Scabiosa succisa.
Scabiosa arvensis.
Scandix odorata.
Scandix cerefolium.
Scrophularia nodosa.
Scrophularia aquatica.
Sentillaria minor.
Sentillaria galericulata.
Sedum telephicum.
Semper vivum tectorum.
Sedum acre.
Sedum album.
Senecio doria.
Senecio vulgaris.
Sinapis arvensis.
Sisymbrium nasturtium.
Sisymbrium murale.
Sisymbrium barbarea.
Smilax Salsa parilla.
Solanum nigrum.
Solanum dulcamara.
Solanum tuberosum.
Solidago virga aurea.
Sphagnum palustre.
Spiræa ulmaria.
Spiræa philipendula.
Symphytum officinale.

Syringa vulgaris.
Syringa persicor.
Samolus valerandi.
Secale cercale.
Sherardia arvensis.
Soncus arvensis.
Stachys silvatica.

Stachis palustris.
Stalia armeria.
Scutellaria minor.
Scutellaria gallericulata.
Silla autumnalis.
Statica limonium minus.

T.

Tamnus communis.
Tanacetum vulgare.
Taxus baccata.
Tencrium chamadris.
Tencrium scorodonia.
Thlaspi bursa pastoris.
Thymus serpillum.
Thymus vulgaris.

Telia europea.
Tormentilla reptans.
Tropeolum majus.
Tussilago farfara.
Trifolium pratense.
Triticum sativum.
Thesium limophillum.
Trifolium arvense.

U.

Ulex europeus.
Ulmus campestris.

Urtica grandi folia.
Urtica urens.

V.

Vaccinium myrtillus.
Valeriana rubra.
Valeriana officinalis.

Valeriana nigrum.
Valeriana locusta.
Verbascum blattaria.

Verbascum phlomoïdes. Veronica chamadris.
Verbascum tapsus. Veronica becabunga.
Verbena officinalis. Vinca major.
Veronica officinalis. Vinca minor.
Viola palustris. Viola odorata.
Veronica tencrium. Viscum album.

ETAT de population du département du Finistère.

NOMS des ARRONDISSEMENS.	MONTANT de la population.	OBSERVATIONS.
Brest.	81836	
Carhaix	36773	
Châteaulin. . .	35411	
Landerneau. .	43980	
Lesneven . . .	49006	
Morlaix. . . .	72059	
Pont-Croix. .	29858	
Quimper. . . .	48204	
Quimperlé. . .	42837	
TOTAL. . . .	439964	

FIN.

www.ingramcontent.com/pod-product-compliance
Lightning Source LLC
Chambersburg PA
CBHW081324090426
42737CB00017B/3026